阳谋不仅有推恩令

望云叟　编著

UNITY PRESS 團结出版社

图书在版编目（ＣＩＰ）数据

阳谋不仅有推恩令 / 望云叟编著. -- 北京 : 团结出版社 ,
2024.12.(2025.7重印)-- ISBN 978-7-5234-1545-0
Ⅰ.I247.81
中国国家版本馆CIP数据核字第2024YP2336号

责任编辑：王 云 强
封面设计：江南胖客

出 版：团结出版社
（北京市东城区东皇城根南街 84 号 邮编：100006）
电 话：（010）65228880 65244790
网 址：http://www.tjpress.com
E-mail：zb65244790@vip.163.com
经 销：全国新华书店
印 装：金世嘉元(唐山)印务有限公司

开 本：170mm × 240mm 16 开
印 张：12.5 字 数：162千字
版 次：2024 年 12 月 第 1 版 印 次：2025 年 7 月 第 2 次印刷

书 号：978-7-5234-1545-0
定 价：49.80 元

前言

谋略的最高境界，就是以利他的角度，完成自己的布局。

“不谋万世者，不足谋一时；不谋全局者，不足谋一域。”这句古训，强调了长远眼光与全局观念的重要性。在谋略的布局中，若仅顾眼前利益，而忽视了对未来的规划与布局，那么即便是暂时的成功，也难以持久。真正的谋略家，能够预见未来的趋势与变化，以利他的角度为出发点，制定出既符合当前利益，又有利于未来发展的策略。这样的布局，如同精心雕琢的艺术品，既展现了当下的美丽，又蕴含了未来的无限可能。

阳谋，是相对于阴谋而言的。阳谋是指在不影响别人、也不依赖别人的前提下，因势利导、光明正大地通过改变自己的资源配置，提高效率，达到总体更好的结果或实现更高的希望。阳谋的特点是公开透明，没有阴谋的诡谲和隐秘，但同样具有强大的效果。

中国历史上有很多高明的阳谋案例。例如，战国时期的“推恩令”，汉武帝通过这个政策成功削弱了诸侯王的势力，巩固了中央集权。这个策略公开透明，符合社会规则和人们的常识，效果显著。

运用谋略的技巧有很多种。思维机敏的人，他的灵气就可以万变，而不会在问题突然到来时感到困窘，因为事情的变化是我们预料不到的，只有过人的机敏，才能躲避灾害，获取利益，成就事业，这是一种谋略的技巧。

目光敏锐、明辨是非，又观察入微、洞察事理，这就是“明察并举”，也是一种谋略的技巧。因为目光不敏锐，就不能观察入微，更谈不上洞察事理。相反，能够洞察真相，便会自如地处理一切，可以称得上是精于谋略。

与人共处于世，对不同的人要采取不同的方法，更是一种谋略的技巧。因为，要顺应时势，依情况的需要去做事，既能做到明智审慎，又能做到掌握最为实用的处世艺术，从而成为人际战场上最精明的操控者。做到这一点，也可算是真正掌握了谋略。

本书在有限的篇幅内，本着分析、解读阳谋的目的，从运用谋略的技巧这一独特视角入手，精心选择了诸多中国历史上的政治家、军事家成功运用的经典阳谋故事。本书内容丰富多彩，选取的故事妙趣横生，我们可以从中看到古人如何振兴国家、统军作战，如何克敌制胜、赢得生存，如何不失机动灵活地施展手段，顾全大局、扭转危局。

一则则饱含前人智慧谋略的故事，会聚成见微知著、借古鉴今的智库，旨在让读者不仅能徜徉在丰富多彩、妙趣横生的谋略故事中，而且还能有深刻的领悟和启迪，从而在现实生活中，做出更富有智慧的决断。

目录

上篇

为谋而行

鬼谷子说：“必先谋虑计定，而后行之以忤合之术。”

“先谋而后动”，做事要先订好计划然后再行动。事先有准备，才不会陷入窘迫之中。所以，不要等待危机出现时才启动理智，而应该充分利用理智来预测和防范可能出现的危机。与其事到临头辗转难眠，不如有备无患，高枕安卧。

将计就计　引敌入瓮

用兵之道，以计为先，敌对双方的较量主要取决于智谋的较量，因此，除了宋襄公讲那种“蠢猪式的仁义道德”而不谈策略外，没有一个统帅、将领不在巧设奇谋以克敌制胜的。

孙武说“知己知彼，百战不殆”，为了既知己又知彼，情报工作就显得非常重要。而当己方获知了对手的计谋之后，该如何运筹新的对策呢？最巧妙的对策莫过于顺其势加以利用，诱使敌手进入自己预设的圈套，这便是人们所称的“将计就计”。

《左传》所载郑庄公计除弟弟共叔段的故事，用的就是将计就计。

郑庄公和共叔段本是同胞兄弟，兄弟俩年龄相差三岁，他们的交恶并最后兵戎相见完全是因为他们的母亲姜氏的好恶引起。

据《左传》记载，郑武公娶了申侯的女儿武姜。生大儿子庄公时，由于是头胎，导致难产，使他的母亲姜氏吃了不少苦头，受了一场惊骇。姜氏因此而不喜欢这个儿子，并给他取了个名字叫“寤生”，也就是“逆生”的意思，表明庄公不是顺产。

三年之后，姜氏生下共叔段，一帆风顺，母子平安，姜氏便把爱的天平倾向幼子一边，着意加以培养。几年后，共叔段长得一表人才，而且武艺高强，更得母亲的欢心：“如袭位的话，岂不比寤生强十倍！”于是姜氏三番五次在武公面前称赞共叔段之贤，说他如何才华出众，品貌兼优，既有贤名，又得人望，如立为太子，一定会使郑国更加富裕强盛。

但郑武公是个很有心计的人，在原则问题上是不会耳根子发软的，所以尽管姜氏不断吹枕边风，他还是立长子寤生为嗣，只是将一座小小的共城（今河南辉县），赐给段作为食邑，故称为共叔。姜氏见没有为幼子捞到好处，满肚子不高兴，不仅更加恨寤生，而且对武公心有怨言。

武公去世后，寤生即位，称为郑庄公。姜氏又开始为小儿子共叔段谋划了。

一天，姜氏对庄公说：“你继承了父亲的王位，享地数百里，可你的亲弟弟，却靠那个点点大的地方生活，你难道就吃得下睡得安吗？”

庄公马上明白了母亲的意思，不加思索地说：“您看该怎么着就怎么着吧，我一定听从。”姜氏道：“那你就把制邑封给你弟弟吧。”

制邑（今河南汜水县）是郑国最险要的地方，历来为军事要塞，屯兵屯粮之所，占有制邑，便可以控制郑国，所以，郑武公曾遗命制邑不得作为分封之地。庄公绝没有想到母亲会提出这样一个难题。于是，他稍加思索了一下，说：“本来我是愿意把制邑封给弟弟的，但因先王遗命不好违背，就请您另选一处地方吧，其他地方都可以。”

姜氏有几份不情愿地说：“那就封京城吧。”

庄公心想，只有如此了，便成全了母亲的意图。

第二天，听说庄公要将京城（今河南京县）封给共叔段，大臣们纷纷谏阻。大夫祭足说：“京城的广人众，城邑坚固，政治军事影响不下都城，共叔又备受夫人宠爱，若封给他京城这样的大邑，后患无穷啊！”

庄公淡淡地说：“这是母亲的意旨，我怎么能拒绝呢？”

祭足还想说什么，庄公打断他说：“爱卿不必多说了，此事寡人已定，就这么办了。”于是当众把京城封给了共叔段。

共叔段领封后便入宫拜见母亲。姜氏命左右服侍的人退下，把儿子引入密室，说道：“你哥哥是个心肠狠毒的人，毫无同胞手足之情，待你很薄。今天的分封，是我再三恳求的，虽然他同意了，但内心里未必痛快。你到京城后，就暗地招兵买马，早作准备。一旦时机成熟，我们内外联手，这国家就是你的了。你若取代寤生当了国君，我也就死而无憾了。”

共叔段到京城后，首先命令将附近的西郡和北郡隶属于自己。他将两邑的邑宰（行政首长）召来说：“你们所管辖的地方，已经成了我的封地，从今以后，税收要交给我，兵车要听我调遣，不得有误。”

两个邑宰哪敢违抗，一口应承下来。共叔段又借口打猎，每天出城训练士兵，还将二郡的百姓，一一造入军册。又假托出猎，突袭了鄢和廪延两地。

但这一切都瞒不过精明过人的郑庄公。庄公对自己继位并未得到母亲的首肯，对姜氏和共叔段企图里应外合，一举夺权，心里都是清清楚楚的。但他先施以韬晦，后将计就计予以致命打击。所以，当郑国大臣禀报共叔段在京城招兵买马、训练卒（步兵）乘（兵车）的行动时，他不仅不管，反而说共叔段为郑国操练兵马，劳苦功高；当地方官吏禀告共叔段率兵占领临近京城的两个小城的不义之举时，他不仅不兴兵讨伐，还说“段是国母的爱子，寡人的亲弟弟，寡人宁可失去一两个小地方，也不能伤了兄弟之情。”当大将公子吕直言进谏，说：“叔段势力越来越大，恐怕以后容不下主公”时，庄公佯怒，以他破坏兄弟感情为由，将他撵出门外。

郑庄公的这一切表演把母亲姜氏和共叔段都迷惑住了，其实，郑庄公之所以对共叔段迟迟不动手，是因为共叔段的叛逆行为还不很明显，没有公开，过早发兵镇压，朝野舆论会议论他不义不孝。庄公认为需要让共叔段的阴谋继续暴露。

为了引诱共叔段和姜氏提前行动，庄公和大臣公子吕等人秘密商定，假称庄公将去周王室当差，到时，由公子吕派兵在要道埋伏，截获姜氏遣差送与叔段的兴兵袭郑的密信，送给庄公看毕后重新封严，改派亲信假作姜氏信使，将共叔段圆书作为证据，并可以从中得到共叔段的行动日期与联络信号。另外，公子吕还派部分士兵化装成商人，混入共叔段的封地京城，待共叔段的兵马离城后，在城楼上放起大火，以造成共叔段的军队混乱，公子吕自已亲率兵车二百乘在京城附近埋伏。与此同时，郑庄公率大队兵马在鄢城附近等候。

事情的发展完全像计划好的那样。共叔段接到密信后果然上当。他一面给母亲约定起事时间，一方面组织兵马出城。但共叔段出城不久，城楼上便燃起大火，公子吕乘机领兵打进了京城。共叔段见回京城不能，便逃往鄢城，但又被庄公打败，只好再次逃到共城，但在这里遭到了郑庄公和公子吕的两面夹击，结果全军覆灭，共叔段自杀而死。

郑庄公对主谋姜氏采取了较为友善的态度，搜出姜氏与共叔段的往来密件后，他派人带回郑国，叫祭足交给姜氏，并送姜氏去颖地居住。姜氏看了信件，十分羞惭，自己觉得无脸与郑庄公相见，即刻离宫搬到颖地居住去了。后来，郑庄公经过颖叔考的安排，让郑庄公与姜氏在地洞中（历史上所说的黄泉）相见。从此，母子又和好了。

擒贼擒王　智破迷信

“擒贼擒王”语出杜甫诗:“挽弓当挽强，用箭当用长；射人先射马，擒贼先擒王。”大意是：做事须扼要的从根本上去下功夫；决斗的时候，要把攻击重心对付敌方首领或其指挥部，只要能把其首领击倒，就会使组织群龙无首，乱了步伐。

所谓首领，是指握有实权而具有广泛影响力的人物，是一个组织的核心，是集体行动中的枢纽。能“擒王”，就可以捣乱其组织，破坏其活动系统，起码会使得它的内部发生变化。

“擒王”的方法千变万化，不管是力取或是智算，都要根据客观情势要求而动。西门豹治邺时以其人之道还治其人之身的办法严惩恶乡绅，令人拍案叫绝。

西门豹说:“到了为河伯娶媳妇那天，希望你们告诉我，我也想为河伯送妻。”

战国魏文侯时，任西门豹为邺令，即邺都（今河北临漳县西南）太守。传说西门豹“性急，常佩苇以自缓”，他任邺令期间政绩赫赫，而广为人们传诵的是他智破河伯娶妇迷信的事。

西门豹上任后，见闾里萧条，人烟稀少，便召集当地的父老，询问百姓疾苦。

父老乡亲们说：“我们这里最痛苦的事莫过于为河伯娶媳妇。”

西门豹不明缘由，惊讶地问道：“为河伯娶媳妇？到底是怎么回事？”

乡亲们诉说道：“本地的三老、廷椽每年向我们征收税钱数百万，其中花二三十万为河伯娶媳妇，其余的钱便与祝巫瓜分享用。老百姓对此是敢怒不敢言，有苦无处说啊。更凄惨的是河伯娶亲的事。到了娶亲前几天，巫婆便到处寻访女子，见了有几分姿色的，便说她命中注定要嫁给河伯做媳妇，于是马上命令她沐浴斋戒，换上已经做好的新衣服，并在河上建好房子，布置床帷，让选中的年轻女子住进去。第二天，他们将女子放入宫斋，让宫斋浮在河上，飘数十里便沉下河去。这样一来，凡有未婚女子的父母，都时刻提防巫婆相中自己女儿作为河伯媳妇，以至许多人家携带女儿背井离乡，远走他方，导致邺城的人口越来越少，土地荒芜，生产受到破坏。”

听了乡亲们的控诉，西门豹心中非常难受，暗下决心，必须惩办恶人，除此恶习。他略一思索，便对乡亲们说：“到了为河伯娶媳妇那天，希望你们告诉我，我也想为河伯送妻。”乡亲们齐声应诺。

不久，那几位父老果然来告诉西门豹，说本年度的新夫人已经选出，定在次日送出。

西门豹神情肃穆，若无其事，但廷椽和富豪早已吓得面如土色，汗流浃背。

第二天，西门豹穿着官服来到河边，三老、官员们及其家属，远近乡绅和老百姓也从四乡跑来看热闹，河边聚集了几千人，盛况空前。

主持娶亲的大巫婆是个老婆子，身后跟随着她的十个女弟子，她们衣冠楚楚，捧着巾栉香炉。一行人煞有介事，显得既严肃又认真。

西门豹见时机已到，便大声吩咐道：“把那位新选的河伯媳妇带过来！”

已哭成泪人的小姑娘顶着头巾战战兢兢走过来叩见西门豹。

西门豹看了一眼这女子，然后抬头四下环顾，对三老、祝巫和百姓们说："今年选的这个女子一点也不漂亮，不配做河伯夫人，我看还是麻烦大巫婆去向河伯报个信，换一个漂亮女子，改天奉献给他。"

说罢，西门豹命令左右随从把大巫婆丢下河去。只听得扑通一声，巫婆便沉入河里了。左右的人大惊失色，西门豹却神情严肃，若无其事地静立等候。

过了一会儿，西门豹又说："大巫婆怎么去了那么久仍不见回来，还是派一位能干的弟子去催催吧。"说罢，命令左右把一个女弟子抛下河去。

过了片刻，西门豹说："弟子怎么也去了这么久不见回来，再烦一位去！"

这样，连续抛了三个弟子下去，一个也没回来。

西门豹说："她们都是女流之辈，不会办事，看来只能请一位三老出马去禀告了。"说完，命令随从把三老扔进了河里。

西门豹头上插着簪，弯着腰对着河水站了好长时间，一副全神贯注严肃认真的神情。四周鸦雀无声，大家都笼罩在紧张和惊恐的气氛之中，空气好像凝固了。

西门豹回过头来对众人说道："看来巫婆和三老都不回来报信，怎么办呢？那就再烦请廷椽和富豪们去催促一下吧。"

廷椽和富豪们吓得面如土色，汗流浃背，一齐跪在地下叩头碰地，乞求饶命。

西门豹说："好吧，暂且留在这儿再等一会儿。"

过了一会，西门豹说："廷椽你们都起来吧，看样子河伯留客也留得太久了，你们都散了回去吧！"

邺地的官吏、百姓看了这一幕后大为惊恐，从此以后，再没有人敢提为河伯娶媳妇的事了。

所谓河伯娶妇，是当地官吏豪绅互相勾结，利用自然灾害和人民的迷信心理聚敛钱财的大骗局。为了拆穿这个骗局，西门豹采取擒贼擒王的策略，先把制造这个骗局的大巫婆和她的三个弟子以及三老扔入河中，除掉他们，骗局不攻自破，又收到了惩一儆百的效果。

假手于人　巧除恶霸

当某些事自己出手显得棘手时，不妨借别人之力，这个计谋称为“假手于人”。

假手于人是解决麻烦最巧妙、最经济的一种办法。我国古代著名兵书《兵经百字·借字》中这样写道：“艰于力则借敌之力，难于诛则借敌之刃，乏于财则借敌之财，缺于物则借敌之物，鲜军将则借敌之军将，不可智谋则借敌之谋。何以言之？吾欲为者诱敌役，则敌力借矣；吾欲毙者诡敌歼，则敌刃借矣；抚其所有，则为借敌财；劫其所储，则为借敌物；令彼自斗，则为借敌之将；翻彼着为我着，因彼计成吾计，则为借敌之智谋。己所难措，假手于人，不必亲行，坐享其利；甚且以敌借敌，借敌之借，使敌不知而终为借，使敌既知而不得不为我借，则借法巧也。”

假手于人最高明的应用，是借助对手的力量制服对手。晏婴（字平仲）“二桃杀三士”是这一谋略的典型运用。

晏婴说，家有恶狗，酒才变酸，只有除掉恶人，贤士才会入朝。晏婴只用了几个桃子就让只有匹夫之勇的“三士”自杀而死。

春秋时，齐景公手下有三个大汉：田开疆、古冶子、公孙捷。这三人均力大无比，勇猛过人，号称“齐邦三杰”。田开疆曾随齐景公打猎，遇到一老虎惊倒景公，田开疆不用刀枪，三拳两脚就将老虎制服，救了景公。景公回朝，封他为寿宁君。后来，古冶子和公孙捷也因救景公、破徐国被封为武安君和威远君。

这三人一朝为官，结为兄弟，誓同生死。三人不知文墨，不明礼让，凡事刚愎自用，独断专行，视同僚如草芥，甚至连景公也不放在眼里。

身为相国的晏婴心想，有这三个恶人横行朝中，贤人不敢进，强国壮威必成空想，便劝景公早下决心除掉此三人。为了启发景公，晏婴先讲了个“恶狗酒酸”的故事：

从前，有个卖酒人，酒做得很不错，门面码头也好，而且还挂起了酒帘，可是没有人进门，最后酒也酸了。原来这家店主养了几条恶狗守在门口，酒客怕恶狗伤人，谁也不敢上门。

说完故事，晏婴又对景公道：“国内贤士本想报效国家，建功立业，但是害怕那三个横眉怒目的大力士，这些力士起着恶狗的作用，他们是国家的隐患，应该及早除掉，以免后患无穷。”

景公点点头，但又叹口气道：“他们三人力大无比，朝中还有谁比他们的力气更大呢？”

晏婴道：“您尽管放心，我自有办法。”

这日，鲁昭公领着大臣叔孙舍来齐国访问，景公在大殿设宴招待。三个力士在堂下按剑而立，傲气十足，目中无人。晏婴想，如此恶人今日不除更待何时，当下便想出了一条妙计。

酒至半酣，晏子起身对景公道：“御园中蟠桃已熟，我想摘几个为二位国君祝寿。”不一会，晏子领着使者摘来六只颜色光鲜、硕大无朋的鲜桃。他先给景公和鲁昭公各奉上一个。景公又赐给晏子和叔孙舍每人一个。

剩下两个桃子如何分配呢？晏子向景公建议：大王可传令群臣，谁的功劳大，谁就吃桃。景公点头称许。

先是田开疆报功说："我曾与国君去西山打猎，打死一只扑向国君的猛虎，救了国君，这功劳如何？"

景公道："爱卿救驾有功，理当食桃。"晏子忙进酒一杯，奉桃一枚。

古冶子见了，忙出班奏道："我与国君过黄河时，一只老鼋把国君的坐骑拖下水，我潜到水里逆流顺流来回数遍，杀死老鼋，救回坐骑，使国王转危为安，这功劳不比那打死只老虎小吧？"

景公道："这是盖世奇功一件，进酒赐桃，理所应当。"于是晏子也献上鲜桃一枚，美酒一杯。

眼看最后一枚桃子分完了，公孙捷撩衣破步而出，怒气冲冲道："我奉命讨伐徐国，杀其将军，俘其士卒，吓得徐国投降，这功劳还够不上吃桃吗？"

晏子连忙接话道："将军南征北战，于国家有拓疆之功，比那打虎、斩鼋功劳大多了，只是言之太晚，现桃已吃完，请饮杯酒吧。"

公孙捷怒道："打虎、斩鼋，不过是些小之事。我纵横于万马军中，开疆拓土，立下大功，反不能吃桃。受辱于两国君臣之前，为万代所耻笑，还有什么面目在朝廷立足呢？"说完，拔出宝剑，自刎而死。

田开疆见状大惊，说："我的功劳这么小而吃了桃，兄长功劳那么大反而不得吃，我真是太不知羞耻了。"说罢也拔剑自绝。

古冶子面对兄弟的尸体，奋气大叫道："我们三人义同骨肉，誓同生死，他二人已死，我又如何能立足世上？"也拔剑自刎。

顷刻之间，三位大力士都自杀而亡，晏子的计谋得到完全的实现。只有景公望着三具尸体，感慨唏嘘："三位将军都有万夫不当之勇，可惜为争吃一桃而亡，如此武士世间难觅，真是可惜！"

晏子安慰景公道："他们都是齐国有勇无谋的一介勇夫，成不了大器，不足以惋惜，我向大王举荐有将帅之才的田穰苴为将，必定胜过'三杰'。"

穰苴正想杀一儆百，树立威信，一贯轻慢的庄贾撞到了枪口上。

景公听从了晏子的建议，重用田穰苴。正值晋国和燕国两国军队入侵齐国，景公便命田穰苴为将军，率军去抵抗晋燕两国军队。

但穰苴是个既无门第背景可依，又无资历名望可凭的普通人，值此国难当头、刻不容缓的紧急时刻，他当然愿效命疆场，报答晏子和景公的知遇之恩，但如何赢得军心，让将士都听从自己的号令呢？

经过一夜的运筹，穰苴终于想好了首要的第一步。

这天清晨，穰苴求见景公，对景公说："臣出身卑微，君王从平民中把臣提拔起来，臣感激不尽，但突然给臣大夫以上的职位，将士未必肯服从，大臣也不一定信得过。因为，人的资历轻微，权威就难得一下子建立起来。所以我希望您能派个以前受到宠信、国人都敬畏的大臣做监军，那我才可以率军出战。"

景公觉得有道理，同意了这个请求，派了自己一贯宠信的大臣庄贾做监军去帮助穰苴统率军队。

穰苴十分高兴。他对庄贾的骄奢傲慢和特别受宠的情形了如指掌，派这样一个人来正好符合他拟定的特殊方案——杀一儆百，严肃军纪。

出征前夕，穰苴与庄贾约定说："明天正午时分，我们在军门相见。"庄贾没有异议，随口就答应了。

第二天，穰苴很早就赶到了军门。为了定准时间，他立起测日影的木表，打开了测时刻的壶漏，等待庄贾的到来。

庄贾一贯轻慢，心想将军当然要先去军中，自己是做监军的，不必急着准时赶去。亲戚僚属为他设宴饯行，他便留下来喝酒欢宴。

正午时刻已过，庄贾没有如约赶到。穰苴一人去军营巡视军队，整理队伍，宣布了各种号令规章。特别命令军法官，必须牢记各项军纪军令。等他完成各种事项，已是黄昏日暮，庄贾这才蹒跚着赶来。

穰苴严厉地问庄贾："分明约好的正午时刻，怎么到这时才来。"

庄贾漫不经心地作了一番解释，根本未把这当回事。

穰苴却严肃认真地说："你身为监军，从接受任命的那一刻起，就应忘掉自己的家庭；到军中宣布了号令规章之后，就得忘掉个人私情；在擂响战鼓，战斗紧急的时刻，就该不顾个人生命的安危。如今敌军侵入了我们的国境，国内民心骚乱不安，战士们暴露在前线战场，君主忧虑得寝不安席，食不甘味。你身为监军，全国百姓的生命都维系在你的身上，怎么还一心去应酬，忙于吃喝呢？"穰苴声如洪钟，句句打入了所有将士的心中。

穰苴招来军法官问道："军法上规定，出征前夕，不准时前来集合的，该怎样惩罚？"

军法官答道："应当杀头。"

庄贾十分恐惧，马上派手下人去报告景公，向他求救。

在场的将士也猜想，庄贾是景公多年宠幸的大臣，朝中文武大臣都让他三分，而新任将军穰苴大概也绝不敢真的杀他。

完全出乎人的意料，派去求救的人还没赶回来，穰苴已下令军法官按军法执行，将庄贾推出军门斩首了。三军无不镇服。

当景公派使者来到军营要求赦免庄贾时，穰苴解释说："将军在前线作战，有便宜行事的权利，对君主的命令，可以视情形不接受。"这就是后来所说的"将在外君命有所不受"。

全军将士对穰苴将军的令出必行无不佩服，同时也更加自觉地服从军纪。

此后，穰苴对将士的驻地营舍，水井火灶，军士疾病等，都亲自过问，而且与士兵同吃同住。穰苴很快获得了全体将士的拥戴。结果连病弱的人都要求加入作战部队，与穰苴一起战斗。大家奋勇争先，摩拳擦掌。晋、燕部队听到这个情况，都有几分恐惧，纷纷撤退。穰苴率军乘势追击，收复了沦陷的土地。

穰苴在晏子的力荐下，由普通人一跃而为将军，并打败了燕、晋部队，保卫了国土，足见晏子有国相之才：不仅能除奸去恶，而且能举贤用能。

将军谋划　仆人合力

“李代桃僵”，这句话出自西汉时整理的古乐府诗《鸡鸣篇》，原诗是“桃生露井上，李树生桃旁，虫来啮桃根，李树代桃僵。”意思是：李树生长在桃树身旁，虫子去咬桃树根，李树岿然挺立，愿替桃树护上。

“李树代桃僵”后来简化成“李代桃僵”，用来比喻代人受过，为人代劳，或以此代彼的一种策略。这在政治、军事谋略上又演化成：牺牲自我以拯救他人；牺牲他人以拯救自我；牺牲某人以拯救他人；以小的局部的牺牲来换取大的、全局的胜利的种种策略。

古今历史上运用“李代桃僵”的事例很多，最著名的当数“赵氏孤儿”的故事。

春秋时期，晋国的国君晋灵公被势力强大的赵盾所杀。几年后，晋灵公的继承人景公执政，他的宠臣屠岸贾见景公上台后只顾享乐，不理朝政，便乘机向景公进谗言，诬陷文臣赵朔，以此削弱赵氏家族的势力。

屠岸贾唆使他的一班喽啰们经过东拼西凑，捏造了一些似是而非的“证据”，呈奏给景公：“赵氏家族中的赵盾以前杀害了灵公，史有明文，这是不能赦免的大罪，成公不加诛戮，反而委以国政，延至今日，致使赵氏逆臣的子孙，布满朝中，何以惩戒后人？”

景公听了心有所动，开始怀疑赵氏家族。

不久，屠岸贾又让他的鹰犬们收集到赵氏家族企图谋反的“证据”，并上报景公。景公闻报大怒，委派屠岸贾“处分赵氏家族，但不要惊动国人”。

屠岸贾大喜，心想有了景公支持这一尚方宝剑，便可有恃无恐地杀尽赵氏家族，独揽朝纲，处于“一人之下，万人之上”了。

但有个叫韩厥的将军，为人正直，他不赞成景公和屠岸贾根据那些捕风捉影的消息就处分赵氏家族，但又碍于屠岸贾的淫威，不能直言反对，于是他偷偷地把这个消息告诉了赵氏家族的重要人物赵朔，劝他马上逃走。

赵朔对韩厥冒死相救感激不已，他也想逃跑，但能逃得了吗？于是，略一思忖后，他对韩厥道：

“现在屠岸贾奉国王之命来杀我，叫我如何躲避？只是我妻子现有身孕，即将临盆，如果生下女孩就不必说了，如果生下男孩，还可继承赵氏家族的香火，这一点骨肉，希望韩将军委曲保全。”

韩厥劝赵朔把夫人（原晋侯公主）送入宫中躲藏，以待日后生下孩子，可以报仇。

赵朔与夫人诀别，嘱咐夫人说：“孩子生下后，生女名文，生男名武，文人无用，武可报仇。”

没多久，屠岸贾果然率领军队冲入赵家，杀死了赵氏家族的男男女女，唯有赵朔之妻因及早躲进王宫才幸免于难。

后来公主果然生下一个男孩，取名赵武。公主的母亲嘱咐宫中，假说生下的是女孩。屠岸贾得知后，立即带人进宫搜索。公主慌了，便把孩子藏在裤子里，默默祈祷：“姓赵的如该绝种，你就哭吧；如不该绝种，你就别作声！”果然，孩子一声不吭。

屠岸贾见搜不出什么，认为孩子已被运出宫去，便派人到处搜寻，并贴出布告悬赏：“有人首告孤儿真信，与之千金；知情不言，与窝藏反贼一例，全家处斩。”

见赵氏孤儿危在旦夕，素受赵家恩惠的两个门客——程婴和公孙杵臼——便聚到一起商量如何保全赵家这一点血脉。

程婴对公孙杵臼说：“这次他们虽搜不出，以后必定还会去搜。所以，必须想办法把孩子弄出宫来，藏在一个隐蔽的地方才保安全。”

公孙杵臼想了片刻，向程婴道：“保全孤儿和一死报恩，哪一件困难呢？”

程婴道：“当然是一死报恩容易，保全孤儿困难大多了。”

“那你来承担难事，我来承担容易的事，你看如何？”

“老兄是否另有妙计？”

“只要找到一个新近出生的婴儿，冒称是赵氏孤儿，由我抱往首阳山躲起来，你便去告密，说出孤儿藏在何处，屠贼得到假孤儿，真正的孤儿就平安无事了！”杵臼和盘托出了他的计策。

程婴接口道：“我有一新生儿，与孤儿生日相近，可以代替。可是，你犯了藏孤之罪，必定处斩，我于心何忍？”

杵臼严肃地说：“我们计谋的是件大事，也是件好事，别犹豫了，你立即去抱儿子过来，然后去找韩厥将军，把孤儿设法安置好。”

程婴当天半夜里即悄悄地把儿子交给公孙杵臼带往首阳山，然后去见韩厥，把公孙杵臼的计划告诉他。

韩厥大喜，对程婴道：“刚巧赵夫人有病，叫我去请一个医生，你只要能把屠贼骗到首阳山去，我就会设法把孤儿救出来的。”

计策安排好后，程婴便去屠岸贾处告发，承认自己和公孙杵臼是赵家门客，受赵夫人委托，秘密带走赵氏孤儿，逃匿深山。恐日后事泄，全家遭斩，因此先行检举，可保全家性命，且可得到赏赐。

屠岸贾急问：“孤儿现在什么地方？”

程婴说："现在首阳山深处，务要迅速寻找，否则将逃往秦国去了，大夫最好亲自去一趟，其他人多与赵氏有交情，不可信任。"

屠岸贾信以为真，急带三千甲兵，由程婴带路，直奔首阳山而去。

到了山中一幽僻处，只见临溪水处有草房数间，程婴说："这儿就是公孙杵臼藏孤儿处。"

屠岸贾让程婴叩门，出来相迎的果然是公孙杵臼。

公孙杵臼见有许多士兵前来，急忙转身欲走，程婴喊道："你跑不了啦，赶快把婴儿献出来吧！"

士兵一拥而上将公孙杵臼捆绑起来。屠岸贾问："孩子在哪里？"

公孙杵臼说："没有孩子。"

这时士兵已从室内搜出一个用锦绣包袱包好的婴儿，公孙杵臼见到孩子，做出要上前抢夺的样子，但挣脱不了，便破口大骂屠岸贾是"奸贼"！屠岸贾一怒之下，喝令将公孙杵臼和婴儿一并处死。

当屠岸贾往首阳山搜孤的时候，城里的检查也松懈了许多。韩厥乘机托心腹假扮医生，入宫给赵夫人医病，在药箱上贴一"武"字，赵夫人会意，诊脉完毕，便将孩子暗置药箱内，带出宫去。韩厥即藏于密室，雇心腹乳母哺养。

过了十五年，赵武长大了。晋悼公即位，为赵氏家族平反，恢复名誉。程婴把事实真相画成图卷说给赵武听，由赵武向晋悼公控诉屠岸贾的罪行。晋悼公准奏，结果屠岸贾死在赵武的刀下。

布衣奇计　鲁胜强齐

“以逸待劳”出自《孙子兵法·军争篇》:“军事以近待远，以逸待劳。”即在战术上自己先处于主动地位，以便有效地应付敌人的进攻。引申开去，凡事先作好充分准备，沉着应付外力侵扰的，不管什么事，都可以叫作“以逸待劳”。

使用这种策略，务要沉着应变，把自己和对方的环境和意图，以及彼此间的实力估计清楚，机警地随时随地注意形势的变化，时机未成熟时静如山岳，机会一来便翻江倒海。这种谋略如用得好，能以弱胜强、以寡胜众，历史上有许多次大战役就是因此而扭转局面的。其中一个突出的例子是曹刿论战。

曹刿说：取信于民是取胜的根本保障，而临机应变则是获胜的重要因素。

公元前684年，即位不久的齐桓公（即公子小白），为惩罚支持他的政敌公子纠的鲁庄公，派大军进攻鲁国。在此以前，齐桓公曾在乾时（今山东桓台县南）大破鲁军，并逼迫鲁国将公子纠杀死。面对齐军再次卷土重来，忐忑不安的鲁庄公被迫起兵应战。

就在这时，有一位叫曹刿的人请求进见鲁庄公。给鲁庄公守门的人正好是曹刿的老乡，他便劝曹刿道:“如何领兵打仗那是当官的人的事，你又何必去管？”

曹刿认真地回答说：“当官的见识浅陋，不一定能够深谋远虑。”

老乡见曹刿说的在理，便去通报鲁庄公，鲁庄公接见了他。曹刿开门见山，问鲁庄公靠什么去和齐军作战？

鲁庄公说：“穿的吃的用的住的，我从不独占，总是分些给别人，相信臣民们会努力参战，保家卫国。”

曹刿说：“这虽然重要，但还不够。”

鲁庄公接着又道：“祭祀用的牛羊玉帛，我从来都严格按照礼仪规定办理，一直是很诚心的。神灵应会保佑我取得胜利吧。”

曹刿说：“单靠神灵还不能保证您获胜。”

最后庄公又说：“国内大小案件，我虽然不能亲自调查，但在处理的时候我是很认真的。”

曹刿点头道：“您能力避冤假错案，做到取信于民，这才是取胜的根本保障。”

鲁庄公反过来问曹刿：“不知先生可有什么方法抵抗齐国的侵略？”

曹刿答道：“战争的情况是变化莫测、瞬息万变的，没有一定之规，如果您能够给我一个随军参战的机会，也许可以临机应变，设计制胜。”

庄公听他这么一说，觉得信心增加了许多，便叫曹刿做他的参谋，坐在他的车上随军出征。

春秋时期战车是军队的主要装备。作战时双方都把战车排成一定的队形。战争的胜负往往由阵形保持得如何来决定。

曹刿认为，打仗全凭一股勇气，只有一鼓作气才能取胜敌人，泄了气的军队是打不了胜仗的。

当鲁庄公的战车到达长勺时，遇到了齐国鲍叔牙率领的军队，一场大战即将开始。

鲍叔牙看见鲁军出迎，立即展开攻势。他以前在乾时曾打败过鲁军，把庄公视为手下败将，有轻敌之心，便下令全面出击。一时战鼓齐鸣，喊杀连天，齐军像排山倒海般冲了过来。

鲁庄公想马上发起反击。曹刿立即制止，说：“现在还不是时候。敌人的锐气正旺盛，只可严阵以待，不能急躁。”于是传令全军偃旗息鼓，坚守阵地，不许轻举妄动，违令者斩。

齐军一阵冲锋过来，但没能奏效，只好退回原地。不久，齐军擂鼓助威，再次发动冲锋，鲁军仍岿然不动。

齐军又准备发动第三次冲锋了，战鼓又像雷一样响起来。这时齐兵虽然叫嚷着，但因估计鲁军因畏怯而不会出击，便有些懈怠。

曹刿听到齐军的第三次鼓响了，便对庄公说：“现在到了反击的时候！”一阵鼓响，鲁军向齐军压了过去。已经劳累不堪的齐军抵挡不住，阵势大乱，大败而逃。

看到齐军溃退，鲁庄公想马上追击。曹刿向他摇摇手：“且慢！”说完跳下车去，看看地上的车辙马迹，又站回车顶，向齐军望了一阵，然后说：“可以放心追击！”结果鲁军很快追上了齐军，把齐军杀得落花流水，缴获了大批战利品。

长勺之战，曹刿成竹在胸，从容不迫，稳扎稳打，为鲁庄公洗雪了乾时兵败的耻辱。在举行庆功宴的时候，庄公不解地问曹刿：“请问先生，为什么要等到敌军三通鼓罢才擂鼓出击？”

曹刿道：“打仗，全凭一股勇气，擂鼓就是冲锋的信号。第一次鼓响，是士气最旺盛的时候，好比猛虎下山，千万不可挫其锋；第二次鼓响，又碰不到对手的时候，士气就开始松懈，斗志就逐渐下降了；到了第三次鼓响，士气已到了疲惫地步，战斗力大减。所以，我乘敌人的三通鼓罢，然后出其不意，一鼓作气，自然就将敌人打垮了。”

“可是，当敌人败退的时候，先生为何又阻止追击，待望过天之后，才下令穷追呢？”

曹刿继续向庄公解释道：“齐国是一个大国，诡计多端，它败走，说不定其中有诈，诱我交锋，一旦不慎，很可能会中埋伏，以致全军覆灭。因此，我下车去察看车辙马迹，结果发现非常混乱；登上车顶远望，又见他们一窝蜂狼狈而逃，连军旗也是东倒西歪的，才确信敌人是真正的败退，这样才敢大胆进军。”

听了曹刿的高论，鲁庄公钦佩不已，当即任命他为大夫。

十年生聚　十年奋斗

所谓"韬晦"之计，就是把自己的真实意图隐藏起来，争取对手的信任，以摆脱困境，化险为夷，而后再寻机东山再起，重整旗鼓。此乃败军之将聪明机智的表现。

春秋末期，失败最惨，韬晦的时间最长，忍辱负重最久的要算是越国的国王勾践了。

勾践用自杀战术打败了阖闾。夫差为报杀父之仇尽起三军。被打得落花流水的勾践只好祭起假和平、真备战的法宝。

吴越两国地处东南，因利害冲突，两国常年交兵，积怨颇深。吴王阖闾十九年（公元前 496 年），越王允常死去，勾践继位。吴王阖闾年事已高，听说勾践新立，便趁机起兵伐越。勾践带兵出战，两军在槜李（今浙江嘉兴西南）大战。

勾践见吴国军阵严整，不易攻破，就派敢死队冲锋，但仍无法攻破吴军阵地。

范蠡是勾践身边最重要的谋士，他见硬攻不行，心生一计。命犯了死罪的犯人集中起来，分成三队，在阵前自刎。犯人用刀搁在脖子上，一边向吴军阵地大喊："两军打仗，我们违犯军法，不能逃刑，现在只能自取灭亡。"说罢，一个个把自己的头颅割下。

吴军官兵从未见过这种架势，一时看得目瞪口呆，不知所措。阵后的官兵也挤到阵前来看吴国罪犯的自杀表演，一时阵脚大乱。

见越军阵容不整，勾践、范蠡乘机发动猛攻，吴军毫无抵抗，大败而归。

战斗中，阖闾还被越国将军灵姑浮用戈击伤了大脚趾。阖闾年迈体衰，又因为此次惨败内怀忧愤，外伤又剧痛难忍，在归途中就愤愤而死，死时遗命太子夫差一定要报越国之仇。

阖闾死后，太子夫差继承王位。他牢记着越王勾践杀死父亲的家仇国恨。为了时时激励自己，他让十多位侍者轮流站在庭院中，每当自己出入时，就大声直接喊他的名字问："夫差！你忘记越王杀死你的父亲了吗？"他便严肃地回答："不敢！"

吴王励精图治，伺机报仇。他一边令大将伍子胥训练军队，一面整治内政，全国上下同心协力，只等除丧就可兴师报仇。

两年后，吴王夫差除丧，出兵前的一切准备工作也已就绪，于是，他率领倾国之兵前去报仇。他任命伍子胥为大将，伯嚭为副将，从太湖出发，向越国杀去。

越王勾践听说吴兵已出，忙召集群臣商议对策。大夫范蠡认为吴王报仇心切，吴兵势大，只宜坚守，千万不可出战。大夫文种也主张先求和，以后乘其不备再发兵。

但此时的越王正值壮年，血气方刚，听了二人的陈说后连连摇头，他慷慨激昂地说："二位大夫说的都不是上策。吴国跟我们世代冤仇，现在又来攻打我们，如果我们不去迎战，就会认为我勾践不会领兵打仗。再说这样做显得我们越国也太软弱无能了，会影响民心士气，我决心与吴国决一死战！"

于是，勾践也发动举国之兵，亲自统领三万多士卒出战吴军。

两军相会于椒山（今太湖椒山）之下。初战时越军稍占优势。骄傲自满的勾践驱兵直进，遇上夫差的主力部队，双方展开了一场血战。刀枪并举，血肉横飞，直杀得天昏地暗。最后越兵渐渐支持不住，大败溃逃。勾践率残部逃跑到会稽山上。

吴国大军紧追不舍，将会稽山团团围住。吴王夫差在山的正面驻扎大营，伍子胥在左边扎营，伯嚭在右边扎营。营盘相接，旗幡招展，简直是铁桶一般。

勾践清点剩下的人马，仅有五千余人，只好布置四处警戒，下令固守。他见吴军人马漫山遍野，会稽山被围得水泄不通，无路突围，不禁黯然神伤，对手下大臣说:“自先君到我，历时三十多年，越国从来没有败得这么惨。我真后悔没听范、文二位大夫的忠告，才到了今天这个不可收拾的地步，想来真是痛心。但事已至此，请问诸位大臣，还有什么办法可以挽救吗？”

文种说:“吴军势大，会稽山必然难保，情况万分危急。仗是打不下去了，现在赶快想办法再去求和，或许还来得及。”

勾践说:“吴王要是不答应该如何是好呢？”

文种充满信心，说道:“吴国太宰伯嚭，现为副将。此人贪财好色，妒贤嫉能，与伍子胥同为朝臣，志向爱好却大不一样。吴王畏惧伍子胥而亲近伯嚭。现在只好先去打通他的关节，多送他财货，讨取他的欢心。他如果同意了，就必定去说服吴王，这事就好办了。”

范蠡也建议“宜卑辞厚礼，贿赂吴国君臣。倘若不许，可屈身以事吴，徐图转机”。

万般无奈之际，勾践只好接受他们“卑辞厚礼”向吴求和的建议，演出一场韬晦之戏。

在伯嚭的劝说下，夫差心肠一软，就答应了越王勾践的投降要求，放他们君臣一条生路，只有伍子胥知道这样做是养虎遗患，但夫差不听。

文种携带美女、玉器、财宝来到吴国大营，首先送上礼单求见伯嚭。伯嚭摆出一副胜利者的傲慢姿态，接见文种。

文种跪在地上先给伯嚭磕了个头，然后把勾践想要请和，情愿向吴国称臣的意思陈述了一遍。说罢将带来的美女和黄金、玉器等一一献上。

伯嚭一见，果然心动，答应次日带文种去见吴王，亲自求情。

第二天，伯嚭带着文种到吴王大帐去见夫差。伯嚭先进帐，详细说明了越王勾践前来请和的诚意。

夫差还未听完，便打断伯嚭的话，勃然大怒说："我和越王勾践有不共戴天之仇，怎么能答应他请和呢？"

伯嚭耐心劝说道："大王您难道忘记孙武的话了吗？'兵是凶器，只可临时使用而不可总操在手中啊'！越国虽然得罪了吴国，但他们请和已卑下到极点了。他们的国君请为吴国臣子，妻子请为吴国的妾孥，他们国家的宝器珍玩全部贡献给大王，所请求于您的，只是宗祀的一缕香烟而已。接受他们的投降，可以得到实惠而免除将士的伤亡；赦免越国的罪过，又是显赫的名声。名实双全，您就可以称霸了。如果一定要动用兵力来诛杀越王，勾践将要焚烧宗庙，杀死妻孥，把金玉宝物全都沉入大江，率领五千名敢死队员与我们决一死战，咱们的军队能不受损失吗？与其杀死一个越王，倒不如得到一个越国更有好处。"

夫差听了，觉得伯嚭这番话很在理，与其拼个玉石俱焚，倒不如让越国投降实惠得多。沉吟了一会，他问道："文种在哪？"伯嚭说："就在帐外等候您召见呢。"夫差一招手，说："叫他进来。"

文种诚惶诚恳地走进大帐。一进内门，就扑通一声跪倒在地，跪着爬到夫差的面前，又把越王请降的意思复述一遍，言词更加谦卑，语气更加恭顺。

夫差傲慢地说："你们国君既然请求做我的臣子，那么能随我到吴国来吗？"

文种叩头道："我们越王既已臣服于您，死生都由您安排，怎敢不听从您的派遣服侍左右呢？”

伯嚭也附和道：“勾践夫妇已经答应来吴国，我们吴国只在名义上赦了越国，实际上什么都得到了，大王您还求什么呢？”

夫差看已到了这种地步，心肠一软，就答应勾践投降，放他们君臣一条生路。

但伍子胥坚决反对吴越议和。他讲了一个夏少康怎样从危险中求生存，发展壮大终至消灭政敌寒浞，中兴夏族的故事，并分析吴越两国同处三江之地，不能并存的形势。他说：“越国和我国是邻国，势不两立。吴不灭越，越必灭吴。像秦晋那样的内陆国家，即使被我们占领了，我们也不能习惯那里的生活，还要退回来。如果我们占领了越国，他们的土地我们可以居住，舟船我们也能使用，这是国家的长久之计，大王万万不能放弃。再说：树德行善莫如使之滋蔓，祛病除害务必断绝根源。现今勾践为贤君，文种、范蠡为良臣，君臣同心，施德惠民，一旦返国，必为吴国大患。吴越两国水土相连，一旦结为世仇，兴亡成败不可不虑之深远。如今既已打败越国，倘若放过，实在是违背天意，养虎为患。”

伍子胥洞察到，对于吴国来说最大的威胁来自身边的越国，因此，应该把战略重点放在灭越上。但吴王却将战略重点放在争霸中原，即“先齐后越”。所以，夫差没有听进伍子胥的忠告，说：“我将北上与齐争霸，可以许越议和，相国不要再争了。越国既已改悔投降，又何必苛求；如果依然为敌，我再消灭它不迟。”于是决定罢兵回国。

文种回报越王，夫差已允许投降，解围而去，又把自己答应的条件细说了一遍。勾践一听，不禁满面愁容，双泪直流。文种和范蠡劝他以国事为重，赶快回国去做安排，说只要留得青山在，不怕没柴烧，有了鸡还愁没蛋吗？勾践听了二人的劝说，稳住情绪，带着文武大臣和五千名残兵败将回到国都。

勾践回到国都，立即召集文武大臣们开会。他首先做了非常沉痛的自我检讨，又说明自己甘心赴吴是为了将来东山再起以报今日之仇的决心。

群臣们见越王如此自责自强，个个慷慨激昂，纷纷表示要效忠于越国，又各自保证做好自己的本职工作，请越王放心前去。

越王见群情激奋，万众一心，内心稍微宽慰一些。最后决定留下大夫文种在国内掌管政事，让范蠡随越王到吴国去，以便随时侍奉保护越王。

于是，勾践带上妻子和范蠡，作为人质，来到吴国国都，住在夫差先父阖闾大墓边的石屋里，为夫差当马夫。夫差给他们一身奴仆的衣服，衣食器物也供应很少。

尽管这样，但是勾践毫无怨言地精心伺候夫差，夫差每次坐车外出，勾践都为他牵马导引。路旁的观者都指着他说："看，这个人就是越王勾践！"勾践听了，低着头一声不吭。

为了讨得夫差的欢心，每当夫差生病时，勾践不但端茶送饭，接屎导尿，而且亲口尝夫差拉下的粪便，以便确诊其病情的寒热。

整整三年时间，勾践始终逆来顺受，小心谨慎，受尽了羞辱和欺侮，但他始终没有流露出半点不满之意。

勾践的行动终于赢得了夫差的信任，于公元前 491 年将他释放回国。

当越国百姓听说自己的国王历尽千辛万苦终于回来时，莫不万分高兴。但此时勾践想的是如何励精图治，最终打败吴国，恢复越国的独立地位。

勾践任命大夫文种主持国政，让范蠡治理军旅，自己也劳心苦身，发愤图强。他唯恐眼前的安逸生活消磨了自己的志气，于是，不用床褥，夜里就睡在柴草上。又在坐卧的房间悬挂一个苦胆，饮食起居，首先要取下来尝一下。并派手下人每天在窗外喊："你忘了会稽之耻吗？"这时勾践一定严肃地答道："不敢忘！"

同时，勾践还尊贤礼士，敬老恤贫，采取了一系列休养生息的措施。因为长期战争，人口大减，勾践便制定奖励生育的办法：规定壮者勿娶老妻，老者勿娶少妇；女子十七岁不嫁、男子二十岁不娶，其父母都要问罪；生了三个孩子的由政府抚养两个，生两个孩子的政府抚养一个。农忙时，勾践亲自下田耕作，他的夫人也亲自纺织，与老百姓同甘共苦。勾践生活俭朴，吃饭不加肉，衣着也相当朴素。

当然，仅有这些是不够的，勾践常召来文种和范蠡计议如何攻下吴国。范蠡提出了“十年生聚、十年教训”的长远规划，文种也胸有成竹，提出了灭吴十策，其中主要有：贿赂吴王，减少吴国粮食储备，派间谍去吴国，越国本身积极备战，针对夫差好色实施美人计等。勾践听后，完全同意他们的计策，并一项一项地加以实施。

越国君臣励精图治，万众一心；吴王却日益骄奢腐化，迷恋西施，屈杀伍子胥，人心背离，两国实力对比正发生变化。

为了麻痹吴王夫差，勾践经常派使者携带金银珠宝、山珍海味献给夫差，一再称颂夫差盛德，大灌迷魂汤。又说勾践如何忠于夫差，任从驱遣，别无二心。使夫差对越国放松警惕。

为了彻底消除吴王对越国的敌意，并诱惑吴王，使他荒淫无道，勾践大施美人计，为夫差献上了绝色美女西施。西施施展浑身解数，令夫差如醉如痴，懒于朝政，“从此君王不早朝”，吴国政事渐趋废弛。

为讨西施欢心，夫差又大兴土木，在灵岩上建造“馆娃宫”和“响屧廓”，穷奢极欲，嬉乐宴饮无度。伍子胥虽多次进谏，吴王根本不予理睬。心中还以为是越王在孝敬自己，伯嚭也一再夸赞勾践的贤德。

为了在经济上打击吴国，越国以饥荒为名向吴国举借粮食一万石。到了第二年，越国将稻谷煮熟晒干后还给吴国。夫差见这些稻谷颗粒饱满，就叫百姓把这一万石粮食作为种子播种下去，结果颗粒无收。

勾践还大张兵备，实行全民皆兵，提高军士的战斗能力。并努力发展冶铸手工业，制造利剑强弓。为了作掩饰，勾践又派使者带着贡品到吴国去称臣纳献，对吴王十分恭顺。吴王夫差满心欢喜，大力夸奖了勾践一番，又赞扬伯嚭外交政策的英明。从此对越国更不放在心上了。

当有人报告越王勾践正在大规模练兵时，伯嚭笑着对夫差说：“越国周围还有其他国家嘛，为了保卫国土当然要练兵了，这有什么可大惊小怪的呢？就凭勾践对大王的孝敬态度，我敢保证他怎么强大也不会对大王您用兵的。只管放心好了。”一席话又给夫差吃了一颗定心丸，把越国全然忘在一边。

于是，吴越两国在发生历史性的变化，一边是越王勾践卧薪尝胆，越国臣民励精图治，万众一心，很快治愈了战争的创伤，国民经济迅速恢复，人心向上，意气昂扬，全国一片欣欣向荣的景象，国力在不断增强。而另一边，吴王夫差则日益骄奢腐化，并把敢于直谏的忠臣伍子胥杀死，吴国大臣也都安于逸乐，追求享受，兢夸豪富，社会风气日趋腐败，人心背离，国力不断下降。两国实力正在悄然发生着量的变化。

与此同时，在越国的唆使下，骄傲自满、以为天下无敌的吴王北上中原，准备在中原称霸了。为此，他征发全国的人力、物力、财力，修筑从吴国直抵北方的运河，以便使吴国的大军，从长江到淮河，从淮河再通到泗水、沂水、济水三条大河。整个行程全靠水路挺进，以便发挥吴军善于水战的优势。这样一来，吴国的国力便消耗殆尽了。

正当吴王夫差和晋定公在黄池为谁来主盟而争执不休时，勾践趁吴国国内空虚之机，亲率六万大军进攻吴国。吴国国内的老弱残兵抵挡不住，连太子也阵亡了，只好派使者日夜兼程赶赴黄池，请夫差领兵回国救援。为了获得即将到手的盟主地位，夫差又耽搁了几天才出发。

由于吴国大军长途奔波，劳累不堪，在越国精锐部队的沉重打击下溃不成军。夫差急得没办法，只好派伯嚭带上礼物到越军兵营，跪在勾践面前求和。

越国君臣知道暂时还不能灭掉吴国，就送个空头人情给伯嚭，让他回去致意吴王，永不交兵。吴王闻报稍稍安心。

越国退兵议和后，吴王夫差又听信伯嚭吴越永结盟好的美谈，继续沉湎酒色，不理朝政，日夜与西施欢歌宴舞，文武大臣们也终日寻欢作乐，沉浸在灯红酒绿之中。朝廷内外矛盾重重，人民生活困苦，怨声载道，国力日衰。

而越国群臣继续艰苦奋斗，同心同德，兢兢业业地治理国家，国势越来越强。勾践见吴越实力悬殊，决心发动灭吴之役，雪会稽之耻。

公元前 478 年，吴国大旱，仓廪空虚，饥民多就食于东海之滨。文种及时提出，现在是进攻吴国的极好机会。他分析说，如果夫差出兵决战，越可将其击败，并占领吴国领土；如果夫差不战而求和，也可取得厚利而归。

勾践采纳了他的建议，尽起精锐之师，向吴国发动大规模的进攻，在笠泽（太湖）大败吴军。

夫差战守不能，几次遣使前来求和。勾践一度非常犹豫，难于决策。范蠡便向他献计说，应该根据双方形势，采取以我为主，打打停停，久围不懈的办法，以图困毙吴军，然后再作根本性的打击。勾践又采用了这一办法，取得明显效果。

到公元前 473 年，吴军被困于姑苏城达三年之久，终于势穷力尽，只得派大臣王孙雒袒衣膝行到勾践面前说："昔日我们在会稽得罪了您，违命不同您结好，现在您来惩治我们的罪过，我们只有唯命是从，希望允许我们为越王臣虏。吴王希望用您当年的办法来感动您"。

果然，勾践听了王孙雒的话后有些不忍，想许以议和。范蠡当即劝道："当年大王兵败会稽，天以越赐吴，吴国不取，致有今日。现在天又以吴赐越，越岂可逆天行事？况且，大王早朝晚罢，全是为了一个吴国。难道忘了昔日的困辱吗？谋划二十年，一旦捐弃前功，伐柯者就在眼前！天与不取，反受其咎！"

吴国使者一再哀求不止，使勾践难下决断。见此情景，范蠡果断地说：

“越王已命我处理此事，请使者回去，否则，就得罪了。”说完，击鼓进军。

不久，越军灭吴。勾践为了羞辱夫差，故意封夫差于甬东（会稽以东的海中小洲）一隅之地。夫差难以忍受这种羞辱，心中悔恨交加，感到自己无颜在九泉之下再见忠臣伍子胥，于是以布蒙面，仗剑自杀。

勾践灭吴后，伯嚭自以为有功，前来请赏，不料遭勾践怒斥一顿，被推出斩首。

巧舌如簧　尽入其彀

“连环”是指多数环圈连贯起来，成为一串。“连环计”是运用一种权术，引起对方发生连锁性反应，或激起多方面摩擦的计策。

“连环计”的使用贵在前后呼应，环环相扣，一气呵成，不给人以做作之感。

人们最熟悉的连环计莫过于《三国演义》里的司徒王允巧施连环计，借美女貂蝉的轻颦浅笑、骚首弄姿把董卓和吕布玩于股掌之中，最后使之激成巨变，董卓死于义子吕布戟下。但这是小说家言，其中铺陈喧染色彩过重，而历史上施连环计最成功、影响也最大的只有孔子的弟子子贡。

子贡用一些看似是非颠倒，实则精妙至极的道理说通了齐国大将田常，让他停止了伐鲁之举。

子贡是孔子的得意门生，以能言善辩著称。他随老师周游列国，宣传他们的仁爱礼义学说。这天，一行人来到了卫国，忽然有人来告诉他们，说齐国大夫田常要在齐国专政，但是害怕掌有实权的大夫高张、国夏、鲍叔牙和晏婴。为了转移国内的矛盾，田常便决定兴兵攻打鲁国。

孔子得到这个消息后，和弟子们商议说：“鲁国是我们祖宗坟墓所在的地方，是父母之国，不能不救。现在我打算在田常的面前求情，不知哪位学生愿做特使？”当即就有几个弟子请求前往，孔子都不同意。只有子贡请求成行时，孔子才予以答应。

于是子贡出发到齐国去见田常，陈说利害道：“像鲁国这样的国家是不易攻打的。你却去进攻，我认为这样做是一个过错。”

田常说：“鲁国有什么难攻的呢？”

子贡说：“鲁国城低池浅，国土狭窄而又贫瘠，君主愚蠢而不为人民信任，大臣们都徒有虚名而不中用，人民非常仇视战争，因此，不可以和它打仗。依我看，你不如去攻打吴国。吴国城墙高而且厚，护城河宽而且深，士兵的盔甲新而结实，兵士都是选拔出来的而且吃得很饱。精兵和重武器都藏在城里，并有选出的有声望的大夫们指挥，我看是很容易攻打的。”

田常听了子贡的话，气得脸都变了颜色，愤愤地说道：“你所说的困难，正是人们认为容易的，而你说容易的，却是人们认为困难的。你用这番是非颠倒的道理来教说我，到底是什么意思呢？”

子贡回答说：“我常听人说：如果内部有难办的事，首先进攻外面的强敌；外面有强敌的时候，却要先攻击软弱的对象。现在摆在你面前的是国内难办的事：我听说你三次讨封三次都不成功，这是因为国内某些大臣对你不服气。现在你打算以征服鲁国来树齐国的威望，如果仗打胜了，则会成为国君骄傲的本钱。攻破了鲁国，带兵的大臣们就会因功而受到尊敬，这对你是不利的。相反的是你和国君的关系就疏远了。君主骄傲，群臣放纵，在这种情况下，你想办成大事是很困难的。因为君主骄傲就会越来越放纵，群臣放纵就会引起争端。这就使你上与君主之间有隔阂，下与同僚之间发生争端，这样一来，你在齐国能不能立住脚，就成问题了。所以我说你不如去攻打吴国。因为攻吴不胜则大将死在外面，带兵的大臣一出去，国内就空虚了。这对你来说，上面没有带兵的强臣与你争权，下面没有人来指责你的过错，你就会成为齐国唯一的主宰了。”

田常听了这段精彩的议论后，说："好！但是我已经派兵去攻打鲁国了。如果改变方向攻打吴国，那些带兵的大臣怀疑我怎么办呢？"

子贡说："不要紧，你让伐鲁的部队先停止前进，我去见吴王，让他来救鲁国，你就迎着吴国军队作战。"田常同意了子贡的建议。

子贡劝吴王北上击齐救鲁，说这样可以显露声名，树立威信，会带来巨大的好处。贪利的吴王闻之心动。

子贡便立即到南方去见吴王。子贡对吴王说："我听说能称王于天下的人，是举世无双的；作为霸主来说，是不允许有强敌来和他对抗的。千钧之重再加上轻微的重量，就会失去平衡。现在富有万乘兵车的齐国，要征服一个只有千乘兵车的鲁国，企图和吴国争强，我很为大王担心。拯救弱小的鲁国，是显露声名树立威信的好时机。进攻齐国能带来巨大的利益：不但可以安抚泗水以北的诸侯，同时，由于惩罚无道的齐国，还可以威服强盛的晋国，好处是说不完的。此举名义上是拯救危亡的鲁国，实际使强盛的齐国陷于困境。愿大王不要怀疑我的建议。"

吴王说："好。但是我曾打败越国，攻下会稽。越王勾践现在苦心经营，招纳贤士，怀有向吴报仇之心。等我先打败越国，再考虑你的建议如何？"

子贡说："越国的力量和鲁国差不多，吴国的强盛和齐国相当。现在大王把齐国放在一边，去进攻越国，那么，鲁国必被齐国征服。现在大王不是正在倡导保护弱国，拯救将要灭亡的宗祠吗？进攻小小的越国，实际上是害怕强大的齐国，这能算有勇气吗？真正勇敢的人不逃避困难，有仁德的人不为约束所拘泥，聪明的人不会放过有利的时机，遵守信义的人从不灭绝异国的后代。眼下，你要是保存下越国，就会使各国都知道你是很讲仁德的人，拯救鲁国而惩罚齐国，又使晋国受到威胁，这样各国诸侯就会一齐来朝见吴国，于是你的霸业就成功了。假若大王对越国实在放心不下，请允许我去见越王，说服他出兵跟随你出征，这样既能控制越国，又能打着联合诸侯的名义去讨伐齐国。”吴王听了非常高兴，马上请子贡到越国去。

子贡劝越王以屈求伸，鼓动吴国和齐国开仗，然后趁其疲敝之机，制敌于死命。越王勾践听了心花怒放。

越王清扫道路，亲自赶着车到郊外迎接子贡。到了官舍后，勾践问子贡来意，子贡说：

“我已经说服吴王救鲁伐齐，他心里愿意但不放心越国。他说：等我先消灭越国然后再答应你的要求。这样一来，打败越国是毫无疑问的。如果没有报仇的意思而让人怀疑你有这样的举动，这是很笨拙的；如果有报仇之志而使对方知道了你的目的，这是不会成功的；事情还没发动而事先让对方听到了，这是很危险的。这三种情况都是办成大事的祸患。”

越王听了这番话后，顿首鞠躬道：“我从小没有得到贤人指点，也没有权衡自己力量的大小，贸然和吴国打起仗来，最后被困于会稽，蒙受耻辱，恨入骨髓，日夜思虑与吴王拼个死活，这就是我的心愿，你看如何呢？”

子贡说：“吴王为人残暴凶猛，群臣受不了他的凌辱；国家经过频繁的战争而疲惫不堪，士兵无法忍受下去，国内百姓则怨声载道；朝廷大臣也人心不稳，伍子胥因为忠言劝告而被处死，太宰伯嚭因顺从他的过错，善于花言巧语的吹捧而受到重用。这种混乱的局面，正是你向吴国报仇雪恨的好时机。现在你最好派兵随从他去攻打齐国，以表示对他顺从；把你最好的宝物献给他，以换取他的欢心；再用最谦逊的话来奉承他，以表示对他的尊敬。这样就会使他消除后顾之忧，决心和齐国大战一场了。仗打不赢，正是你的福分，如果打赢了，他必定乘胜向晋国进攻。现在我愿北上去见晋君，说服他和你共同攻打吴国。吴国和齐国打仗，要受很大消耗，锐气已尽；然后还要再遭受晋国的围困，大王正可趁他疲敝之机，致其死命。如此，吴国的灭亡是不可避免的了。这就是圣人所说的以屈求伸的道理。”

越王听了非常高兴，同意子贡的建议，并送许多礼物给子贡，但子贡都没有接受，立即回到吴国报告他说服越国的经过。过了五天，越王把国内的兵都调动起来派大夫文种去见吴王。文进行顿首之礼拜见吴王说；

“大王的东海役臣勾践的使者文种，敢以小吏的身份向大王问候。现在听说大王要伸张正义：铲除强暴而拯救弱小，惩罚无道的齐国而安抚周王室的左右。我们越国已经把国内所有的士兵共三千人都动员起来；勾践请求自己披坚执锐，身先士卒，为大王代受箭矢之击；并让贱臣文种献上祖先藏下来的器甲二十领多作为对大王兴兵的祝贺。”

吴王听了文种这一番恭维话后非常高兴，他对子贡说：“越王请求亲自随我去打齐国可以吗？”

子贡说：“不可以。把人家军队调空了，把人家士兵全部调走了，再把人家君王也带去，这是不合道理的。大王可以接受他的礼物和军队，不必带走他的国君了。”

吴王点头同意，随后调动了九郡的军队向齐国进攻。

子贡又乘机到了晋国，对晋君说：“我听说事先没有周密的准备，不能够应付突然事件的发生，军队没有防备也不可能战胜敌人。现在吴国和齐国就要开战了。如果吴国失败，越国必然从中作乱；如果吴国战胜齐国，吴王必然向晋国进攻。”

晋君听了感到恐惧，向子贡问道：“你看应该怎么办呢？”

子贡说：“做好打仗的准备，让士兵休息好，等吴国来进攻再说。”晋君同意了子贡的意见。于是子贡便回到鲁国。

这时吴、齐两国之兵大战于艾陵，齐国被打得大败。吴王陈兵不归，又向晋国进攻。与晋兵相遇于黄池，两强相争，因晋军早有防备，吴国失败。越王勾践乘机出兵过江袭击吴国。在离吴都城七里的地方列开阵势。吴王急忙从晋撤兵，与越国大战于五湖。三战三败，最后城门被攻破。越国打败吴国三年之后，便称霸于东方了。

子贡的这次外交活动，仅凭三寸不烂之舌，就保存了鲁国，搞乱了齐国，灭掉了吴国，增强了晋国，又使越国从此称霸于东方，令人惊叹。

围魏救赵　减灶增兵

避实击虚，作为一种军事谋略，首先是由我国古代大军事家孙武提出来的。他在《孙子兵法·虚实篇》中指出:“夫兵形象水，水之形，避高而趋下，兵之形，避实而击虚。水因地而制流，兵因敌而制胜。”意思是说，用兵好比治水，对来势凶猛的强敌，应避开其坚实之处而攻击其虚弱之处。水的流动是由地势高低决定的，用兵则要依据敌情而制定取胜的策略。

避实击虚这一谋略分为两个方面，“避实”和“击虚”，“避实”是手段，是方法，“击虚”是目的，二者是相互关联不可分割的。如果不能避实，也就不能击虚，避实是为了更有效更猛烈地打击敌人。

自从孙子提出避实击虚这一作战思想后，从古到今，运用这一谋略取胜的战例比比皆是，而最典型的则是孙武的后代孙膑率领齐军在桂陵打败魏军的一战。这就是历史上有名的“围魏救赵”。

围魏救赵是孙、庞斗智的精彩对局。两位主角——孙膑和庞涓，本是同师学艺的同窗好友，都师事鬼谷子。庞涓先于孙膑下山，临行前还表示“苟富贵，毋相忘”。可是当庞涓当上魏国兵马大元帅后，便把孙膑抛到脑后了。

后来墨子周游列国，拜会鬼谷子，很赏识孙膑，便在见到魏王时举荐孙膑。庞涓知道孙膑的学问比自己大，便设计陷害孙膑。他诬称孙膑企图叛魏，使魏王将孙膑革职问罪，处以膑刑（即砍去膝盖骨），并在脸上刻字涂墨。

庞涓之所以没有马上杀掉孙膑，是想先让他写出记忆中鬼谷子传授给他的一部兵法。

孙膑不知道庞涓的阴谋，反而非常感激老同学的救命之恩。为了使老师鬼谷子传授的兵法能派上用场，他日夜不停地赶着回忆和抄写，以便能早日把这部兵法写好献给庞涓。

看到孙膑如此被陷害和欺骗，庞涓派来看守他的人也十分不忍和同情，于是偷偷地把真相告诉了他。

孙膑得知是庞涓有意陷害自己时气得怒火填胸，当即把抄写好的一半兵法用火烧掉。可是自己身体残废，又身陷囹圄，如何才能脱离虎口呢？孙膑玩起了“诈疯魔”的计谋，即把自己装成精神残疾。为了使庞涓相信自己真疯，他当着庞涓的面吃屎喝尿，与猪狗睡在一起。看到孙膑已经成为废人，庞涓对他的防范日益松懈了下来。

后来，墨子的弟子禽滑里在魏国发现了孙膑，赴齐国向墨子、田忌述说了孙膑的悲惨遭遇，田忌又转告了齐威王。于是齐国派淳于髡、禽滑里以给魏王进茶为名，秘密将孙膑载回了齐国。

孙膑到齐国做了大将田忌的军师，田忌很敬重孙膑，把他留在自己的府中，助自己出谋划策。孙膑献的见面礼便是设计使田忌在与齐威王赛马中取胜。这便是有名的“田忌赛马”。

当时田忌的马力与齐威王的马相差不大，但上马对上马，中马对中马，下马对下马，就只能甘拜下风。看到这一现象后，孙膑想出了一条妙计，就对田忌说：“您尽管与威王比赛，以千金赌输赢，我自有办法让你获胜。”田忌尽管有些将信将疑，但还是按照他的话去做了。

到比赛的时候，孙膑便对田忌建议：用相对优势的上马和中马对齐王相对劣势的中马和下马，而以绝对劣势的下马对齐王的绝对优势的上马。这样，赛完三场后，田忌以两胜一负的总成绩战胜了齐威王。比赛结束后，面对齐王的疑惑，田忌禀告说这全仗孙膑的谋略，并向威王大力推荐孙膑。于是威王接见孙膑，向他询问治国整军的大计方针，孙膑讲得头头是道，齐威王真后悔没有早一点见到这样的奇才。

“田忌赛马”不过是孙膑牛刀小试，真正体现他智慧的是围魏救赵一仗。

孙膑说：“要想排开别人的打架斗殴，不能动手参加进去；用兵解围，要避实击虚，击中要害。”这样才能调动敌人，在运动中消灭敌人。

公元前 353 年，魏国以庞涓为主将，率兵包围了赵国都城邯郸（今河北邯郸）。双方相持了一年之久，赵国感到力量不支，就向齐国求救。

齐威王认为，此时赵衰魏疲，出兵救赵的时机已经成熟，准备派孙膑为主将发兵救赵。

孙膑以自己受过刑为由辞谢，说：“臣是一个受过刑罚身体不全的人，如果让臣当主将，别国会笑话我们齐国无人，大王还是请田将军为主将吧。”齐王于是就拜田忌为大将，孙膑为军师，率领八万军队，伐魏救赵。孙膑就坐在用布围着的辎车里，筹划谋略。

大军出发之初，田忌准备直接赶到邯郸，与魏军作战。他充满自信，认为率领将士日夜兼程赶到邯郸，与赵军内外夹击，可一鼓作气消灭魏军，解除赵国之围。

但轮椅上的军师孙膑不同意这一构想，他提出一个疑问，即：如果我军赶到邯郸时，魏军已经占领邯郸，赵军也已溃散，我疲劳之师又如何抵挡气焰正盛的魏军呢？

田忌听了猛地一惊，心想，自己险些坏了大事，便谦虚地向孙膑讨教。

孙膑说：“要解开纷乱的丝线，不能用手强拉硬扯；要想排开别人的打架斗殴，不能动手参加进去；用兵解围，要避实击虚，击中要害。”并提出了一个新的作战方案，围魏救赵。

孙膑的理由是：现在魏国和赵国打仗，精锐的军队必然全部出动在国外，只留老弱的兵卒困守在国内，内部一定十分空虚。我们如率领军队直接向魏国国都大梁进发，占领它的交通要道，袭击它的薄弱后方，魏军一定会丢下赵国而回师自救，这样我们就可以以逸待劳，不但能够解除赵国的围困，而且还能打败魏国。这就是抓住敌人要害，攻击敌人虚弱的“批亢捣虚”的作战方针。

田忌接受了孙膑的建议，指挥齐军直指大梁。为了实现“批亢捣虚”的作战方针，孙膑还设下假象迷惑魏军。这就是“南攻平陵（今河南睢县西）”。

平陵是魏国东部平原地区的军事重镇，较难攻取，而且有受魏军夹击被切断后方联络的危险。孙膑对此本来也很了解。他之所以决定向平陵进攻，就是为了使庞涓产生齐将指挥无能的错觉。

当齐军接近平陵时，孙膑又建议只派一部兵力佯攻平陵，并指示他们，如果遭到魏军的夹击，就假装败退下来，进一步使庞涓产生齐军战斗力很差的错觉。

此外，还另派一部轻车部队及少量步兵“西驰梁效”，佯示袭击大梁（今河南开封），以激怒庞涓，诱其急速回救，而将主力埋伏在判定魏军必经的桂陵（今河南长垣北）附近。

这一行动果真迫使庞涓回兵救援。当疲惫不堪的魏军回师大梁时却钻入了孙膑早已布置好的口袋——桂陵伏击区。桂陵一战，魏军大败，损失惨重，庞涓也险些被俘，赵国之围随之而解。

避实击虚是孙子提出的战法，但孙膑在桂陵之战中没有刻板地运用这一谋略，而是根据实际情况进行了正确的指导：一是全面地了解和正确地分析了敌对双方的情况，真正找出敌人的虚实所在；二是选择了敌人回救时精疲力尽的有利时机，一举打败敌人；三是选定正确的作战方向，“避其锐气，击其惰归”，达到“攻而必胜”的目的。

如果说围魏救赵是孙膑调动敌人，避实击虚的妙计，那么添兵减灶则是孙膑诱敌的绝妙之策了。

公元前343年，魏国与赵国组成联军，以魏国太子申为统帅，庞涓为主将兼军师，进攻弱小的韩国。韩国依靠自己的力量无法抵抗强敌的入侵，就遣使向齐国求救。

齐威王为了与魏、赵争霸，削弱它们的国力，当即应允为韩国解围。齐王仍派庞涓的老对手田忌和孙膑分任主帅和军师，发兵救韩。

当时魏国的都城在大梁，韩国的都城在新郑，从新郑到大梁不足一百公里，而且沿途地势平坦，庞涓率领魏赵联军浩浩荡荡地向韩国进发，势不可挡。但齐国要救援韩国必须途经魏国。孙膑便向田忌建议率军直趋魏国都城大梁，以迫使庞涓回师相救。田忌于是挥师进入魏国国境。

庞涓在得知齐军又向魏国进犯后，命令全军立即回师。同时选拔精锐部队，自己亲自率领，兼程返魏拦击齐军。

田忌得知庞涓率领魏赵联军气势汹汹地追杀过来，便向孙膑讨教胜敌之策。

孙膑早已成竹在胸，对田忌说："魏国士兵向来以剽悍勇猛敢打敢冲闻名于世，并且从来看不起齐国士兵，认为齐军胆小软弱，不堪一击，不足为患。因此我们不能拿弱军与强敌硬拼，只能根据当前的形势巧用计谋才能战而胜之。兵法上指出：百里外前来作战企图取胜的军队肯定会落得个损兵折将的失败下场；五十里外前来作战企图谋取胜利的军队肯定也要损失半数以上的兵员。现在庞涓统率的联军将骄兵傲，又来回奔波，我们不如将计就计：当我们进入魏国境内的头一天下令挖十万个行军灶，次日挖造的灶头减为五万个，到第三天挖造的灶头再减为三万个。我们用这种办法来制造我军士兵大量逃亡的假象，以便使庞涓等人在思想上更加轻视我们，引诱他轻装追击。"田忌听罢大喜，遂依计而行。

庞涓从魏国境内追击齐军三天后进入齐国境内，果然发现齐军每天挖造的灶头大量减少，心中十分高兴。他对部下说:“我早知道齐国士兵胆小怕死，现在情况果不出我所料，他们进入我国境内才几天，开小差逃亡的已经超过半数了！”于是传令联军加速追击齐军。庞涓求胜心切，认为丧失战斗意志的齐军很容易消灭，便下令前军殿后，自己亲率一支骑兵日夜兼程往前追赶。

孙膑估计庞涓的轻骑在夜间就可追到齐国的马陵道（今山东范县西南）。马陵道自古即为兵家必避的险要场所，一条小道的两旁是树木参天的山峦，长得与人一般高的茅草布满了丘陵山坡，显然是个易伏难行的险地，利于打伏击战。

孙膑和田忌就在这山坡草丛中埋伏无数弓箭手。他们又命士兵砍伐树木挡住道路，留下当路的一株，剥掉树皮，上书“庞涓死于此树下”几个大字，并命令埋伏的弓箭手只待看见树下出现火光，立即万箭齐发。

当天半夜时分，庞涓亲率一支轻骑追到马陵道。庞涓熟读兵书，知道马陵道是兵家必避之地，但由于连日追击未能截获齐军而心急如焚，丧失了应有的理智，故而抱着侥幸心理料定齐军不会在此设伏。为了争取时间，他一个劲地催促部队快速通过马陵道。

忽然前军来报，说是有树木堆放路中，挡住去道，庞涓下令搬走树木。当庞涓摸黑赶到前军时，隐约见到道边有棵大树，白白的树干上似乎写了一行字，但又看不清楚。庞涓便命人点火把，以便看清树上写的是什么字。

不料火把刚刚点着，从两旁山丘上射来一阵阵乱箭，魏国骑兵纷纷中箭倒下，队伍大乱，任庞涓和众将大声吆喝也不顶用。

庞涓抬头看见树上那一行字后大呼上当，他连忙指挥骑兵后撤。魏军自相践踏，死伤无数，但仍未能逃出马陵道。身中数箭的庞涓知道此番中计已难脱身，长叹一声道:“我中了奸计，终于让孙膑这小子名扬天下了！”说完拔剑自刎而死。

田忌和孙膑乘胜大破魏赵联军十万人，并俘虏了太子申。马陵之战大伤魏国元气，魏从此一蹶不振直至灭亡。

马陵之战也是孙膑和庞涓在战场上的第二次较量，孙膑获得了彻底的胜利。

齐军得胜归国，齐威王拜田忌为相国，要封赏土地给孙膑。但孙膑坚辞不受，并辞去军师一职。从此隐居深山，潜心著述兵法。

狡兔三窟　预设后路

狡兔三窟本来是兔子在生存过程中为了对付天敌而自然形成的一种本能之术。说的是狡猾的兔子往往有好几个藏身的洞穴，以便在出现变故时可以逃避灾祸。将狡兔三窟之术运用于社会生活的，当首推冯驩。

冯驩见识超群，谋事虑远，但他的才华被贫穷掩盖住了，只好弹剑而歌。

冯驩，又称作冯谖，战国时齐国贵族权臣孟尝君门下的食客。孟尝君与魏国信陵君、赵国平原君、楚国春申君号称“四君子”，以礼贤下士、手下门客众多而著称，其中孟尝君曾有食客三千，门庭若市。

冯驩少时家贫，生活无着，便投靠了孟尝君。冯驩本来见识超群，谋事深远，但不夸夸其谈，自诩有才。孟尝君第一次接见他时，问他有何见教，他只淡淡地说：“没有。我听说您喜欢养士，不论贵贱，所以不因自己贫穷也就来了。”这样几句话自然不会引起孟尝君的注意，便命人引他到传舍（客房）休息。

过了几天，孟尝君忽然想起这新来的穷小子，便问传舍长（客房部主任）说：“新来的客人有什么表现？”传舍长说：“冯先生很贫穷，身上没有别的东西，只有一把剑，连剑鞘都没有。每天吃过饭，他就用手击着剑，唱道‘长剑归来吧，没有鱼吃！’”，孟尝君听了笑道：“他是在埋怨我的饭菜不好。”于是把他迁到幸舍（招待所），餐餐有鱼有肉。

几天后，幸舍长（招待所所长）来报告说："冯先生还是弹剑唱歌，只是歌词不同了，改成'长剑归来吧，出门没有车坐！'"，孟尝君惊讶道："他想成为我的上宾吧，那这个人一定有些本事。"于是将他迁驻到代舍（高级宾馆）。

过了些时日，孟尝君又派代舍长（宾馆经理）去查查冯驩有没有再弹剑唱歌。果然，那冯驩吃着鱼肉，乘车日出夜归，仍不满足，唱着歌道："长剑归来吧，无以养家！"代舍长如实禀告孟尝君。孟尝君听了皱着眉头道："这人为何如此贪得无厌？"但还是忍着气将他迁到更高级的地方住，派人好生伺候，赏给他金银。这样一来，听不到冯驩弹剑唱歌了。

冯驩连发三次牢骚，孟尝君将他从下等客升到中等客，又从中等客升到上等客，条件改善后，士为知己者死，该是冯驩报答孟尝君了。

这天，孟尝君的大总管来报告说，家里的钱谷只够一个月的开销了。于是孟尝君便问手下食客谁愿意到他的封地薛城去收租收债。冯驩见报答孟尝君的机会到了，便主动请缨，要求前往。孟尝君当即首肯。临行前，冯驩向孟尝君告辞，顺便问道："收完债后给您买点什么东西带回来呢？"

孟尝君一时想不出还需要买点什么，便随便吩咐道："你自己作主，看家里还缺少什么就买点什么吧。"

于是，冯驩整好行装，套上车马，载上债券契约上路了。

冯驩到了薛地，深入民间，实地考察，凡是有能力偿付债务的，或者立刻收取，或者限期缴纳。但是确实有些人生活困难，无力还债，冯驩一一查明后，不但没有强行逼债，而是将债户召集起来，置酒款待，然后将自己带来的债券与债户的债券相合，验明后对老百姓说：

"我家主人孟尝君，体谅各位生活艰苦，若还了债生活更加无着，所以他托我来把所有的债款都一笔勾销，好让你们无债一身轻，重新安排自己的生活。”冯驩说罢便当场将所有债券付之一炬。

百姓们听到冯驩这些话，还不相信自己的眼睛，及至看到那债券在熊熊大火中化成灰烬，不禁惊喜万分，人群顿时欢呼起来，感激孟尝君给他们的大恩大德。

冯驩空手而归，一大早便求见孟尝君。孟尝君见他这么快就回来了，感到奇怪，因为以前派人催债从未这么顺利过。孟尝君问冯驩收债后都买了些什么。

冯驩回答说:“我反复揣摩您所说的话，您吩咐买家里缺少的东西，我看您家里缺少一样东西，便用收到的那些债款买下了它。”

“什么东西？”

“我以为，令尊先前封相受禄，家累万金，但由于刻薄寡恩，结果落得被国人所逐的不幸局面。现在您也是这样，家中珍宝堆积如山，门外马匹塞满了马厩，服侍的美女成群，可是您还不够体恤爱护封地老百姓，这也是缺少‘义’啊，所以我就用债款给您买了‘义’。”并将自己在薛城的所作所为叙说了一遍。

孟尝君听了冯驩所述，心里很不高兴，但为了显示自己大度，也没多责怪他什么，只好说:“先生收债辛苦了，回去休息吧。”

一年后（公元前294年）齐湣王开始疏远孟尝君，罢其相位，孟尝君在朝中待不下去，只得回到自己的封邑薛城。他的那些食客见大树已倒，接二连三地离开了孟尝君，使孟尝君很不高兴。

但当孟尝君的车马离薛地还有很远，就见道路上黑压压的有很多人在迎候他，男男女女，扶老携幼。孟尝君阴霾的心里顿时像射进一道温暖的阳光，激动的热流贯满全身，对冯驩焚烧债券的不满也烟消云散了。他高兴地握着冯驩的手说:“先生替我买到的义，我今天总算见到了。”

在这位落魄公子在薛地安稳后，冯驩又开始了他的帮助孟尝君复出的计谋。

这天，冯驩向孟尝君进言道："狡兔有三窟，才能免于一死。如今公子仅有一窟，还不能高枕无忧，请让我为您再营造两窟。"

孟尝君有所不解，说："请先生明示。"

冯驩接着说："请公子借我车马使用数日，并另付盘缠，我要让齐王在不远的将来，重新任公子为相。"

当时，孟尝君在列国中有较高声望，各国为了争雄天下，都渴望招募到有名望有影响的人物。冯驩便带车五十乘，金五百斤，去魏都大梁（今河南开封）游说魏惠王，说齐国放逐大臣孟尝君准备到秦国去，因为秦王已对他发出邀请，如果孟尝君到了秦国，必定能使它富国强兵纵横天下，将对魏国很不利，因此魏国不如请孟尝君来任相国，这样就可以西抗暴秦，东拒强齐，将来一统天下。

魏惠王被说动了，立即派使者带黄金千斤、车百乘，前往聘请孟尝君到魏国任宰相。为了显示诚意，魏惠王甚至把原来的宰相改任大将军，虚位以待孟尝君。

听说魏惠王使者车马已动，冯驩又快马加鞭先行回来报告孟尝君，要他委婉推辞，并设法让齐湣王知道此事。

孟尝君依计行事，魏惠王的使者跑了几趟，也没有应允。齐湣王知道此事后，便与大臣们商量，大家一致认为孟尝君任魏相将对齐国很不利，于是齐湣王决定起用孟尝君。

冯驩见欲擒先纵的计划已实现，又给孟尝君出主意，要他让齐湣王用先王传下来的祭器，在薛城建立宗庙，这样可以进一步巩固孟尝君的政治地位。

宗庙建成后，冯驩告诉孟尝君说，三个窟都营造好了，您可以高枕无忧了。

本来落泊不遇的孟尝君，因冯驩的"狡兔三窟"之术，重新握有相国大权，声威更加显赫。

官复原职的孟尝君备尝世态炎凉，深有感慨地对冯驩说：

“我对待客人很热情，在招待上也没什么疏忽，以致食客人数达到三千有余。但是我一旦失去地位，大家都弃我而去，没有人来看望我。幸亏先生助了我一臂之力，才重新恢复了地位。现在，那些家伙有什么脸面再来见我？如有厚着脸皮回到我这儿来的人，我一定向他吐唾沫，当众狠狠地羞辱一番！”

冯驩听后，觉得很不是滋味，就对孟尝君说：

“先生这话说得太欠水平。富贵时，大家都来投奔；落魄了，朋友四处流散，这是理所当然的。例如，您看看市场，早晨人们熙熙攘攘，但到了晚上，就变得空空荡荡了。这并非人们喜欢早晨，讨厌晚上，而是因为早晨有所买卖，所以人们聚集到市场上；而晚上无所买卖，人们就不去市场。食客们由于您丧失地位而离开您，也与此相同，是由于所求的东西没有了。所以您不应该恨他们。”

孟尝君不愧是天下名士，听冯驩这么一说，立刻心悦诚服，对再次聚集而来的食客们也像以前同样对待。

朱元璋用谋略树威

朱元璋是明朝的开国皇帝，在中国历史上，除汉高祖之外，他是唯一一个出身平民的皇帝。他率领农民起义军，最终平定天下，建立了明朝。在群雄四起争夺天下的乱世里，朱元璋由普通的士兵到最后登上帝王的宝座，他的种种经历显得极不平凡，其本身也就更多了一分传奇色彩。他以自己的智慧和谋略，取得了万里江山。

太祖讳元璋，字国瑞，姓朱。他的祖籍是江苏沛县，几经迁徙，到了父亲朱世珍这辈才迁徙到濠州（今为安徽凤阳）的钟离县。朱世珍生了四个儿子，朱元璋是最小的。母亲陈氏刚怀朱元璋的时候，做梦梦到有一位神仙给她一粒药丸，放在手掌中闪闪发亮，她就吞了下去。醒来之后，还口有余香。到了分娩的时候，只见红光满室。自此之后，夜里曾经多次有亮光闪现。邻里乡亲看到，十分惊恐，以为是着了火，每次跑来救火，到了跟前却发现没有着火。等到朱元璋长大的时候，英姿雄伟，奇骨贯顶，志向远大，人们都难以猜度。

至正四年，由于旱灾和蝗灾，他的家乡发生了一场严重的饥荒、瘟疫，灾难也降到了朱元璋家。当时朱元璋 17 岁，他的父母兄长相继命归黄泉，家里一贫如洗，无法将他们埋葬。后来，多亏乡人刘继祖给了他一块土地，才得以下葬，这就是凤阳的皇陵。朱元璋孤苦伶仃，走投无路之时就进了皇觉寺为僧。一个多月后，他便被长老打发到合肥当游方僧去化缘，实际上是过一种逃荒讨饭的日子。不幸的是，他在路上又生了病，这时一直有两个紫衣人伴随他左右，悉心地看护他。病好了之后，紫衣人就不知去向了。此次出行，他共到过光、固、汝、颍诸州，三年后，饱尝了艰辛的化缘生活之后，他又回到了皇觉寺。

化缘的生活十分艰苦，在这一过程中，朱元璋饱受风霜之苦，受尽了磨难，但同时也开阔了眼界，增长了见识。

在这一时期，元朝政事紊乱，盗贼四起。朱元璋发觉继续留在皇觉寺迟早都会遭受兵祸。于是，他便进入濠州，拜见郭子兴。郭子兴看他相貌不凡，便留他做亲兵。之后，朱元璋当然也不负郭子兴的期望，打仗总是获胜。

至正十五年(1354)春季正月，郭子兴采用朱元璋的计谋，派张天佑等攻克了和州（今安徽巢湖市和县）。于是，郭子兴便升任朱元璋为统率和州兵马的总兵官。

朱元璋深知，和州是郭子兴的妻弟张天佑所打下来的，在军队中，张天佑的资历比朱元璋深，年龄又比朱元璋长。此时，年轻、资历浅的朱元璋却被任命为和州总兵官，不仅张天佑心里不服，军士中对此不服的也大有人在。朱元璋明白，首次出任和州总兵官，若不能在军中树立威信，就等于断送了自己的前途。于是，他就想出了一个在军中树立威信的计谋。

朱元璋让人将议事大厅的公座全部撤掉，换上了十余条板凳，并约定第二天早上众将士在议事大厅会集。结果，第二天早上，朱元璋故意迟到。当时的座席以右为尊，本应该给朱元璋留着。但是，众将士先进去都坐在右边，朱元璋故意最后到，坐在了左边的一个座位上。

等到处理公事的时候，众将领都像木偶一样，迟迟不语，什么主意也拿不出来，朱元璋却侃侃而谈，快速如流水般地分析时势，并能拿出合理的决断，听得众将领目瞪口呆，均点头称是。经过几次议事，众将领都认为朱元璋是一个有胆有识、办事公正的人，渐渐地开始对他心服口服。

接着，朱元璋又召集众将领商议修葺城墙的事，议定完毕，决定众将分头负责用砖加固城墙，大家约好以三天为期。三天过后，朱元璋率领众将领检查验收，众位将领都没能按时完成。回到议事大厅之后，朱元璋拿出檄文来，朝南而坐，说:“总兵乃是主帅所任命的，并非我擅自专权。而且总兵大事，不可没有法令来约束，如今你们加固城墙都过了期限，可是谁又能奈何得了军法呢？从今天开始，违反军令者，当以军法处置。”众将诚惶诚恐地向朱元璋谢罪。从此，朱元璋的威信逐步树立起来了，他所率军队的纪律也更加严明。

在这个故事中，朱元璋初任总兵并未急于快速在军中树立自己的威信，他懂得放低身段，从细小之处来展现自己的才能，不断地来赢取他人的信任。在生活与工作过程中，一个人的威信的树立并不是一朝一夕可以完成的，一个成功的人明白“欲速则不达”的道理。最好的方法就是在他人尚不了解你的时候，适当地放低自己的身段，给自己一个展现自我才能的机会，给他人一个了解自己的机会，实行各个击破的计谋。这样，便可树立自己的威信。

火牛发威　燕军发抖

战国中期，各国征战不休，兼并剧烈。齐湣王十五年（公元前286年）齐灭宋国，秦和晋都深感不安，于是形成合纵攻齐的局面。燕昭王二十八年（公元前284年），燕国上将军乐毅兼佩赵国相印，统率以燕军为主体的燕、秦、韩、赵、魏五国联军伐齐。齐国虽派大军应战，但屡战屡败。乐毅率燕军一路势如破竹，先在济水之西（今山东聊城以南地区）大败齐将触子，接着重创齐将达子，齐军崩溃。乐毅见大局已定，便遣还秦、韩军队，部署魏、赵两军向原宋地及齐西北部地区推进，自己亲统燕军直接进攻齐国首都临淄（今山东临淄市东），不久又将临淄攻占。这样，乐毅接连夺取了齐国七十余座城池，齐国惨败，仅剩下莒和即墨两地。

值此狂澜既倒、大厦将倾之际，齐都临淄人田单脱颖而出，被推为挽救时局的首领。

田单知道乐毅智勇双全，不能硬拼，就一直坚守城池，拒不应战，等待机会。

田单是田齐王室的支系亲族，早年在都城临淄的市场管理机构中担任一般属吏。虽有卓越的军事才干，但并不为人所知。

临淄被燕军攻破后，齐王及大小贵族、官吏，纷纷逃走。田单率族人与一批贵族逃至安平（今山东临淄东北）。田单判断燕军必将继续进攻安平，于是指挥族人将随行车辆的车轴两端突出部分锯掉，并套以铁箍加固。

当燕军迫近安平时，大小贵族争相逃走，大批车辆拥挤于道，互相冲撞，以致车轴折断，为燕军俘获。唯田单一族因预有准备，车辆未受损坏，得以逃出。

田单逃到即墨（今山东平度东南）。即墨是齐国东部军事重镇，乐毅当然不肯置之不理，很快指挥燕军包围起来。即墨守将不知厉害，出城与乐毅作战，结果战死。

众人见田单处事镇静，富有远见，又熟悉兵法，懂得带兵打仗，便拥戴他为首领，领导即墨军民抗御燕军。

田单上任后，即着手将城中军民重新编组，以加强防守力量。又把家里人和本族人中能拿起武器的全部编进军队，参加守城。他自己也身先士卒，与士兵同甘共苦，深得军民拥护。田单针对士卒重视祖先、热爱乡里的心理特点，鼓舞士气，动员群众。他经常对士卒们说，如果即墨失守，则齐国灭亡，宗庙被毁，祖先的灵魂将无处安身，自己的灵魂也无处可归。以此来激发士卒的战斗情绪。田单知道乐毅智勇双全，不能硬拼，就一直坚守城池，拒不应战。

由于田单率领即墨军民奋力抵抗，燕军围困即墨城达一年之久，也没能攻下来。乐毅考虑，光靠武力硬拼是不行的还得努力去收买齐国的民心，使对手不战自溃，不打自垮，真正做到不战而屈人之兵。于是他重申军纪，严禁所部骚扰齐国百姓，还废除了齐王颁布的各种残暴政策，并减轻赋税，赈济困难齐民，优待齐国著名的大臣和士绅，以此笼络人心。

为了表示诚意，乐毅还做出姿态，解除了对莒和即墨两城的包围，让燕军在离城九里的地方驻扎，对出城居民不予拘捕。尽管采取了这一系列和缓的措施，但三年时间过去了，莒和即墨两城丝毫没有投降的迹象。

燕国国内许多人沉不住气了，以太子为首的一班人开始向燕昭王进谗言，说乐毅刚开始攻入齐国时一路过关斩将，不出半年就攻下七十多座城池，现在花了三年时间却没攻下两座城池，他还用种种办法收买齐国人心，明明是想做齐王。

燕昭王不仅知人善任，而且明辨是非，他知道乐毅不单是会攻城略地的战将，而是富有远见的统帅，于是他严厉训斥了那些背后进谗搬弄是非的人，连太子也被鞭笞。为表示对乐毅的信任，他又派使者到齐国，封乐毅为齐王。乐毅感激不已，发誓报效祖国，拒不接受齐王封号。

但过了不久，昭王去世，太子继位，称为惠王。惠王当太子时，与一个叫骑劫的大臣关系密切。骑劫是个不学无术而又有野心的人，一直在觊觎乐毅手中的兵权，昭王在世时他忍隐不发，惠王即位后，他就多次到惠王前说闲话，说乐毅要自称齐王，应当趁早免掉他的职务，否则尾大不掉，难以收拾。

田单听说刚继位的惠王与上将军乐毅素来不和，又宠信志大才疏的骑劫，便四处煽动和散布说：

“齐王已死，王位空缺。乐毅正以伐齐为名勾结盟国想在齐国为王，所以故意留下两城不攻。我们即墨人当然不用惧怕乐毅了，若是换上骑劫这样的大将军，那我们就会马上完蛋。”

田单很清楚，六国联军能这么快就使齐国惨败的重要原因，就在于其统帅乐毅多谋善战，又深得士兵拥戴，若将乐毅去职，对燕军军心士气将是一个沉重打击。而且田单也非常担心对乐毅的政治攻势发展下去会动摇人心士气，所以他也希望乐毅去职，自己寻找机会反攻。

果不出所料，本来对乐毅不满意的燕惠王在内外的煽动下，下令以骑劫代替乐毅的职务，召乐毅回国。乐毅知道回国凶多吉少，声言自己本是赵国人，悄悄跑到赵国去了。

临阵换将，使燕军上下气愤不平，军心涣散，从此一蹶不振。新来的统帅根本不懂军事、谋略，只知下令一味攻城。人心涣散的军队自然没法攻破坚如磐石的城池。

但此时田单反攻的机会并没到来，因为燕军虽人心不齐，但人多势众，而齐军势单力薄，加上久困城池，伤亡多而得不到及时补给，士气也不甚高。田单知道，不用计谋是无法取胜的。

田单诱使骑劫割了齐国俘虏的鼻子，刨了齐国人的祖坟，以激起士气。

田单利用当时人们对上天的迷信心理，编了一套梦话，他对部下说："昨天晚上我做了一个梦，天神告诉我，齐当复兴，燕当失败，乃是天意。天神马上就要派一个神师来帮助我们，有了神师当军师，我们将战无不胜！"并指使一个士兵假扮神师。从此，田单常常用神师的名义布置自己的作战方案。

有一天，田单传达"神师"的命令：早晚饭前要把祭品放到房前庭院中，先祭祀祖先，这样祖宗就会显灵保佑我们。城里人都照着做了，引来无数乌鸦、麻雀争食。城外的燕军都感到奇怪：刚听说城里来了神师，这会儿怎么连飞鸟也会定时飞去朝拜，心想齐人定是得到天神相助了，怪不得我们久攻不下，这仗看样子没法打赢了。于是燕军人心惶惶，斗志开始动摇了。

为了诱敌行暴，以激起守城军民对燕军的仇恨心，田单针对燕军统帅骑劫粗暴无知而又急于求胜的心理，派人到燕军中散布说："乐毅太仁慈了，见齐人不杀，所以城里的人不害怕，不投降。如果燕军把齐国俘虏的鼻子割掉，并让他们示众，齐国人就会吓破了胆，乖乖地出城投降。"

骑劫信以为真，就下令凡是抓到齐国俘虏，一定要割掉鼻子，挂到阵前去示众，他以为齐人会吓破胆，可是恰恰相反，燕军的暴行激起了齐国军民的怒火，都下定决心死守阵地，唯恐做了燕军的俘虏。

田单见此计已成，又想一计，针对齐国军民重视祖坟甚于生命的心理，再次派人到燕军中煽动，说："城里人的祖坟都在城外，他们非常担心燕军刨掉他们的祖坟，那样他们就没心思打仗了。”

无谋的骑劫又一次中计，下令燕军在城外刨齐人的祖坟，还暴骸骨，烧死人。城里的军民见了，无不咬牙切齿，怒发冲冠，纷纷向田单请战，誓为祖先报仇雪耻。

田单见军民同仇敌忾，反攻时机渐趋成熟，遂积极准备进行反击前的各项工作。为了更好地麻痹敌人，隐蔽自己的企图，以收到更佳的效果，田单命令强壮士兵隐蔽起来，让老弱妇女登城守卫，并施展诈降计，派使者去见骑劫，说城里粮尽弹绝，无法坚守，愿意投降；并以富豪名义，送给燕军将领黄金千镒，恳请入城受降时保护全家老小。

这些措施使骑劫认为自己的威慑手段生效，于是更为骄傲轻敌，完全放松了警惕，认为成功即在今日，只等齐军来降，全然不作备战工作。

田单却没有一刻闲着，他在作最后的准备。考虑到齐军人少，为了虚张声势，以震慑敌人，他想出了绝妙的一招：火牛阵。

他征集城里各家各户的牛，共有一千多头，把它们分别用床单被子裹紧全身，只留鼻、眼在外，并在其身部和头部画上各种吓人的图案，或如猛兽毒虫，或如神龙鬼怪，五颜六色，十分恐怖。牛的犄角上还绑上两把锋利的尖刀，尾巴上系着浸透了油的芦苇。

在约定投降燕军的头天晚上，田单派一批精壮劳力在城墙根下迅速而又尽量不出声响地挖了几十个洞口，作为通向城外的通道。至入夜后，先派一部士卒携带柴草泥土等物填塞外壕，开辟道路。再让一千头化了妆的牛埋伏在前面，牛后面紧跟着全副武装的五千精兵，精兵后面是拿着锣鼓的几千老百姓。

一切准备就绪后，田单一声令下将一千头牛的尾巴全部点上了火，并从通道中将牛驱出。霎时间，火光和剧烈的疼痛驱赶着烈性突发的千头火牛，对着燕军营地狂奔过去，形成一个有一定正面和纵深的“火牛阵”，以排山倒海之势冲向燕军。同时五千精兵挥动大刀长矛，紧随着火牛杀向敌营，百姓则在后面敲锣打鼓，呐喊助威。

此时已是深夜，毫无思想准备的骑劫和燕军将士在睡梦中被喊杀声和牛吼声惊醒。燕军还没弄明白是怎么回事，火牛已冲进军营。只见一片火光闪耀，千头神兽妖怪，头顶尖刀，如狂风卷落叶般扫地而来，见物掀物，见人掀人。燕军士兵自娘肚子出世也没见过这般怪物，吓得魂飞魄散，衣服也顾不上穿，裹条被子便仓皇逃命，不知有多少人被踩死在牛蹄之下，也不知有多少人被刺死在尖刀和尖角之下。更不要说还有五千挥动着大刀长矛的齐军勇士，借着火牛之威，把燕军杀得血肉横飞。燕军一败涂地，骑劫也在乱军中被杀死。

田单率领士气正旺的齐军，乘胜挥师反击，队伍不断扩大，几个月工夫，便收复了全部失地。这样齐国在濒于灭亡的边缘，又转危为安，史称“田单复国”。

田单因势利导，或用攻心术，或用反间计，或用激将法，或伪装投降，牵着骑劫的鼻子走，最后借火牛阵破敌，使本来力量强大的燕军以为真是神兵天降，吓得魂不附体，溃不成军，收到了出奇制胜的效果，受到历代军事谋略家的称颂。

应该向读者附带交代一笔的是，由于功大，田单险些也重蹈了乐毅的覆辙。

田单复国后，接齐王田法章还都临淄，被封为安平君，并任为相。

因为田单复国功劳极大，在民众中的威望又较高，所以很受田法章的疑忌。田单为了明哲保身，采取了谨言慎行的态度，避免锋芒太露，功高震主。

由于采取了这样一种消极态度，使田单在任相的十四年中，在军事、政治上均无多大建树。十四年中唯一有记载的是攻狄（山东高青东南）之役。田单率军出发前，曾向贤士鲁仲连征求意见。

鲁仲连一针见血：“将军攻狄不能下也。”

田单一听，很不高兴，说：“臣以五里之城，七里之郭，破亡余卒，破万乘之燕，复齐墟，攻狄而不下，何也！”没有道别就乘车离去。

但战役的进程却证明了鲁仲连的预见是正确的。田单攻狄三个月，也未攻克下来，民间流传童谣讽刺田单无能。

田单这才感到惶恐，忙向鲁仲连请教原因。鲁仲连说：“将军之在即墨，坐而织蒉，立则丈锸，与士卒共患难，共甘苦，士气高昂，将军有死之心而士卒无生之气，……此所以破燕也。当今将军东有夜邑之奉，西有淄上之虞，黄金横带，而驰乎淄渑之间，有生之乐，无死之心，所以不胜也。”

田单听后，深有启发，回军后立即深入第一线动员，激励士气，并亲冒矢石，终于将城攻破。

在鲁仲连指点下，田单总算没有把一世英名毁在狄城之下。

中篇

有算则胜

“算则胜”意味着在未战之前，在朝堂上进行深思熟虑和精心筹划的，往往是胜算更多的一方。未曾筹划便无法取胜，因为谋划的多寡直接决定了胜败。多筹划者能胜过少筹划者，更不用说那些毫无计划行事的人。

“算则胜”不仅适用于军事策略，也适用于生活的各个方面。在任何需要决策和行动的场合，充分的准备和深思熟虑都是取得成功的关键。通过精心的规划和策略布局，我们能够提高实现目标的可能性，最终达到“算则胜”的境界。

阵前杀将　智夺兵权

公元前260年，秦昭襄王派白起为将，大举进攻赵国，结果长平一战，只知纸上谈兵的赵将赵括被打败，四十万赵卒被白起全部坑杀，赵国朝野为之震惊。

白起得势不饶人，准备乘胜进军。他一边令王龁攻武安，命司马顿夺太原，一边亲留上党，请秦王增兵，作灭赵的准备。

秦王错失灭赵的大好时机后，又不顾白起的劝阻，大举伐赵。赵国形势再度危急。

赵国看到了形势的严峻，为救亡图存，派苏代携重金赴秦，游说相国范雎，愿意割地献城，只求秦王罢兵。范雎曾依靠远交近攻的战术得到秦王的信任，被任为相国。

苏代主要是从范雎的个人利害方面离间他与白起的关系。苏代说："现在灭亡赵国，秦王还是做秦王，但武安君（白起）因为功劳大，一定位列三公，您的座次就要往后挪挪了。"

不甘居白起之下的范雎果然为苏代的"心腹之言"打动，为了保住自己的相位，他当即向秦王进言，说秦国军队长时间征战在外，已非常疲惫，建议先罢兵，答应韩、赵割地求和的请求。秦王觉得相国言之有理，便下令撤兵。

白起在长平之战后，又拔武安，占太原，连战连捷，正等着秦王增派军队进攻赵国首都邯郸，没想到却接到了班师的诏书。他摇头叹息，为错过了一举灭赵的大好时机而扼腕痛惜。

白起率军队回到秦国后便大发怨言，说当日邯郸城中已是人心惶惶，草木皆兵，如果乘胜进攻，一天就可以攻下，可惜失掉了这个机会！秦王听了，也很后悔，但为时已晚。

第二年，秦昭襄王以赵国没有如约割地为由，再次派白起为将攻打赵国，但白起却托病推辞不去。

秦王很奇怪，问白起道：长平战后，你在我军疲惫之际，主张增兵灭赵；现在兵精粮足，为什么又打退堂鼓了？

白起说：那次赵国经过惨败，百姓惶恐不安，趁势发动进攻，他们防守无方，进攻乏力，攻取邯郸是有把握的。如今却不同了，赵国经过两年的休养生息，国力逐渐增强，又有燕、魏、齐、楚等国的援助。现在攻邯郸，我军势必陷于“赵应其内，诸侯攻其外”的不利境地。

但秦王不听，他将白起赐死，派王陵为将攻打赵国。赵国军民虽同仇敌忾，奋力抵抗，使秦军遭受重大损失，但寡不敌众，秦军又一次攻到了邯郸城下。

赵国形势万分危急，赵孝成王与相国平原君赵胜商量，决定派人求救于魏、楚等国。

平原君给信陵君写信说：“您的义气到哪里去了？您不管我，总不能不管您的姐姐吧！”

魏国接到求救信后，马上派大将晋鄙率十万大军驰援。秦王听到这一消息，向魏王提出警告：“谁若敢于出兵救赵，待攻克了邯郸，就立即加兵于谁！”魏王听了非常害怕，只好命令晋鄙停止前进，把军队驻扎在赵魏交界的汤阴（今河南汤阴），以观变化。

赵王盼望救兵不见，十分焦急，接连派人到魏国催促。平原君更是一连几次派人送信给妻弟、魏国公子信陵君，信中说："我与您的姐姐联姻，一个重要原因就是仰慕您的高尚品德，指望危难之时可以得到您的帮助。如今邯郸形势千钧一发，可是魏国的救兵踪影全无！您的义气到哪里去了？即使您认为我无足轻重，打算把我交给秦军作阶下囚，可是您总不能不管您的姐姐吧！"

信陵君并不是不关心赵国的命运。作为魏王的弟弟，他深知唇亡齿寒的道理，赵国灭亡，魏国将难以自保，救赵与保魏同等重要，所以他极力主张全力救赵。他数次向魏王进言，请求魏军开拔，解救邯郸之危，但是魏王害怕秦国报复，始终不肯答应。信陵君又派许多辩士去游说，也没能奏效。

信陵君百般无奈，又不忍苟且偷安，坐视不救。于是他下定决心，招募宾客，组成敢死队，准备去与秦军拼个你死我活。

出发前，信陵君去向一位七十多岁的老朋友侯嬴告辞。此时侯嬴为夷门（东门）看守，听信陵君讲了事情的经过与打算，他淡淡地说："老朽不能奉陪，公子请好自为之。"

信陵君上路，心里极不痛快。心想：我平时待侯嬴不薄，现在我要去与人拼命，他怎么没有半句话劝阻我或是鼓励我，这太奇怪了。"便叫大家停下来，自己回去弄个明白。

这时侯嬴站在门外，一见信陵君回来，便笑着说："我早料到您会回来找我的。"

"先生是怎么知道的？"信陵君问。

"道理很简单"，侯嬴说："您一直待在下很好，现在您要去送死，在下反不给您送行，您心里一定不愉快，所以在下料定您会回来问个明白。"

信陵君说："您猜得一点也不错，我怕我有对不起先生的地方，会使您对我这么冷淡，所以想问个明白。”

侯嬴说：“天下人都知道公子一向爱重人才，养士数十年，如今有了急事，他们却毫无办法，只想去跟秦国拼命，这岂不是把肥肉投入饿虎的嘴里——白白送死吗？”

信陵君这才醒悟，忙问：“还有别的办法吗？”

侯嬴屏退左右的人，对信陵君道：“我听说调遣晋鄙军队的兵符放在大王的卧室里，大王最宠爱的妃子如姬，可以自由出入大王的卧室，她可以把兵符偷出来。我又听说您曾替如姬报过杀父之仇，她非常感激您，就是为您牺牲生命，也在所不辞。只要公子一开口，请她帮助，她一定会答应。得到了兵符，就可以号令部队，不仅北面救赵有望，西面击退秦兵也是可以办得到的。”

信陵君听了侯嬴的话，如梦初醒，真是悔恨自己当初没有想到智取兵符这一招。信陵君拜谢侯嬴之后，依计而行，果然不费很大工夫就将兵符拿到手。

再次出发时，侯嬴又说：“将在外，君命有所不受。如果晋鄙见了兵符，不肯交出兵权，派人请示魏王，事情就糟了。我的朋友朱亥是一位力士，让他跟随您去。如果晋鄙交出兵权，当然最好；如果不交，就让朱亥杀了他。”

信陵君听了侯嬴的话，忍不住流下了眼泪。侯嬴说：“公子哭什么？怕死吗？”

信陵君回答说：“晋鄙是魏国老将，脾气倔强。此次我去夺他的兵权，如果他不肯从命，一定有杀身之祸，我觉得于心不忍，因此流泪。”

侯嬴劝诫他说：“无毒不丈夫，这是国家大事，怎么可以顾念儿女情长呢。”

于是他们一同去找朱亥，把来意说了。朱亥笑了起来，说：“我不过是一个卖肉的，承蒙公子这般看得起，几次亲自来照顾我，过去我一直没有答谢过您，是觉得这种小礼小节没多大意思。现在公子有了急事，正是我报答您的时候。”当即答应下来。

信陵君带着朱亥和众门客要出发了，来向侯嬴辞行。侯嬴对他说：“按情理，我该跟您一块去，可惜年纪大了，去了也不中用。还是留在这儿，计算着您到晋鄙军中的那一天，我只有以自杀来报答您对我的知遇之恩了。”

信陵君一行来到邺城，假传魏王命令，要晋鄙交出兵权。晋鄙把自己持有的兵符与信陵君带来的兵符一对照，果然是一双，可他仍然生疑，说：“我领兵十万驻守在国境上，责任重大，现在你单身来接替兵权，叫我如何相信呢？我要先请示一下魏王。”

信陵君正打算说服晋鄙，身边的朱亥早忍不住了，立即拿出暗藏在袖筒中的四十斤重的铁锥，击中晋鄙头部。晋鄙立即倒地身亡。

信陵君接过了晋鄙的兵权，检阅过人马，发布命令说：“父、子同在军中的，父亲退役回家；兄、弟同在军中的，哥哥退役回家，是独子地回去奉养父母。”

经过整编，共得八万精兵。于是信陵君率领人马向邯郸进发，并派人告诉赵王，约好时间内外夹击秦军。

此时，平原君所借的楚军也到达了邯郸城下。赵国军民得知援兵已到，信心更足，斗志更旺。

秦军由于长期作战，疲惫不堪，此时又遭到内外夹击，招架不住。不多时，秦军被打得四处逃散，王龁（接替王陵为将）率残兵败将逃回汾城，郑安平的两万援兵也全部投降。被围困了一年多的邯郸城随之而解。接着，魏、楚联军又乘胜追击，于河东再次打败秦军，迫使秦军退回河西，放弃了长平之战前后夺得的河东（属魏）、上党（属韩）、太原（属赵）等地。

信陵君窃符救赵，立下大功。当他凯旋时，赵王亲自到城外迎接他。

大臣唐雎为了使信陵君头脑清醒，防止骄傲，便赶在赵王前先见了他。

一阵寒暄之后，唐雎开诚布公地对信陵君说："我听到有人说过，世上的事情，有不可以知道的，有不可以不知道的；有不可以忘却的，有不可以不忘却的。"

信陵君莫名其妙，问他："这话怎么讲呢？"

唐雎解释说："人家厌恶我，是不可以不知道的；我厌恶人家，却不可以让人家得知；人家有恩惠给我，是不可以忘却的；我有恩惠给人家，就不可以不忘却发生了。"他的这番高论使信陵君很受启发，频频点头，觉得有理。

唐雎进一步明说道："您如今杀了晋鄙，救了邯郸，打败了秦军，这是莫大的功劳啊，连赵王都将亲自到郊外来迎接您，您见到赵王，希望能忘掉自己的功劳。"

这些忠告，使信陵君非常感激，当即表示："我完全接受您的指教。"

先“礼”后兵　各个击破

当面临众多对手，一下子又没有足够的力量将其同时制服时，采用各个击破是最明智的策略。通过各个击破，可以以局部的主动逐步赢得全局的主动，积小胜为大胜，最终获得全局的胜利。各个击破并不是平均用力，而是有主次、缓急之分，有重点打击对象的，只不过每个阶段的侧重点不同而已。如果平均分配力量，由于力量分散，反而达不到各个击破的目的。

各个击破这一谋略在中国历史上被广泛采用，从政治斗争中的剪除异己，到军事征服中的先打弱敌，后打强敌，从刘邦到唐太宗，从朱元璋到康熙，无一没用过此计。完成统一中国霸业的秦始皇，却是此计用得最妙之人。

春秋战国时期长达五百多年，各国之间战争频繁，争斗不休，人民遭受了极其深重的苦难。孟子揭露战国时期的战争惨状说：“争地以战，杀人盈野；争城以战，杀人盈城。”因此，人心厌战趋向统一。但当时息兵还靠用兵，谁能统一各国主要看谁的武力强大。

当时秦国的实力是最强的。秦国经商鞅变法以及尔后几代人的努力，政治、军事、经济发生了极大的变化。经过多年的兼并战争，秦国占有了辽阔的土地，计有巴、蜀、汉中、宛、郢、上郡、河东（今山西西南部）、太原上党等郡。函谷关外有荥阳及周围旧地。关中地区又土地肥沃。秦昭王时，蜀地太守李冰造都江堰，灌溉成都平原，沃野千里，无水旱灾害，富饶无比。郑国渠造成后，灌溉四万余顷，农业生产发展更快。秦具有如此肥沃的两大农业区，加上巴、蜀出产钢铁木材，西北戎、狄地区出产牛羊，丰富的资源，足可支持秦进行统一战争。在政治上，官吏奉公守法，朝廷清静；在军事上，不论何人，打胜仗者赏，打败仗者罚，所以人人奋勇，以求军功。

大思想家荀子当时到秦国考察，他认为秦国的政治是最好的政治，军队是无敌的，即使是六国中最能战的魏国武卒，如碰上秦国的锐士，也无异以卵击石。他对丞相范雎说："秦国山川形势非常有利，民风淳朴，下级官吏忠于职守，朝廷大臣不搞小圈子，工作效率很高。将来统一六国的一定是秦国。"

但统一六国是一个艰巨而长久的工程，其中许多人曾为之付出巨大的努力，除了商鞅的改革和范雎的远交近攻之术奠定了基础外，吕不韦也曾作出巨大贡献。

由于秦王政即位时年幼，担任相国的吕不韦长时间内掌握了秦国的军政大权，在政治、军事、经济上都取得卓越的政绩。在政治上，他选贤任能，用李斯为舍人，任秦昭王时名将王龁、蒙骜为将军，请已退休的老臣蔡泽参与朝政。在经济上，重视农业，兴修水利。在军事上乡继续执行"远交近攻"的战略，对东方各国采取咄咄逼人的姿态，一有机会就主动出击。先后取东周，伐韩、赵、魏，夺取大片领土，使秦的疆界与齐国直接相连，隔断了韩、魏与赵的联系。这样，秦军不但对韩、赵、魏三国完成了包围态势，而且对齐、楚、燕等国的生存也构成了严重威胁。

通过秦国几代人多年的努力，至嬴政亲政时，统一六国的基础已打好了，秦王嬴政决心顺应人心和历史的潮流，实现统一六国的霸业。

但光有统一六国的愿望和实力是远远不够的，还必须有正确的策略，这样才能减少阻力，少走弯路。

赵国是秦国统一道路上的主要障碍，为了配合军事打击，秦国收买了赵国宠臣郭开，使其成为内奸，令赵国未曾交战，先折大将。

秦王政的统一六国之策，是由一个名叫尉缭的人提出的，其核心思想便是各个击破。

尉缭本是魏都大梁（今河南开封）人，深通兵法，熟悉历史。他到秦国游说，经李斯推荐，被秦国拜为国尉，主管军事。秦王政对他十分尊重，让他享受与自己一样的饮食衣服，将全国的军队交给他指挥。

为了防止东方六国“合纵”对付秦国，尉缭针对六国大事皆取决于豪臣，而豪臣们又以多得财物为乐的情况，建议秦王拿出三十万金贿赂豪臣，收买内奸，以便内里蛀空，各个击破。这也是张仪在秦国推行的“连横”之策的继续。

“合纵”与“连横”是战国时期各大国为拉拢其他国家与自己的敌国斗争而产生的两大谋略。所谓“合纵”，即“合众弱以攻一强”，把许多弱国联合起来对付一个强国，以防强国兼并；所谓“连横”，即“事一强以攻众弱”，由强国拉拢一些弱国去攻击另一些弱国。战国后期，秦国最强，“合纵”便成了东方六国对付秦国的法宝，“连横”则成了秦国拉拢东方某一国家去打击另一打击对象的主要手段。尉缭的以重金收买内奸之策，客观上起着瓦解“合纵”、实现“连横”的作用。

赵国是六国中比较强大的一个国家，但朝政操纵在赵王宠臣郭开的手中，秦王嬴政按照尉缭的意见，以尉缭的弟子王敖携带金珠财宝去赵国收买郭开，使其成为秦在赵的内奸，听从秦的指挥进行离间赵国君臣的工作，以配合军事打击。

经过郭开的“辛勤工作”，赵国良将廉颇被弃置不用。

秦王政十一年（公元前236年），正当赵国派庞煖攻燕，占领了狸（今河北任丘东北）和阳城（今河北保定西南），节节推进之时，嬴政乘赵国国内空虚之机，派王翦、桓齮等两路攻赵，占领了阏与（今山西和顺）、橑阳（今山西左权）和邺（今河南安阳南）等地。

第二年，嬴政为了能集中精力攻赵，以助魏为名，调四郡之兵与魏军联合攻楚，以解除北进时可能来自南方的威胁。为了了解各国动向和视察关东地区的秦军，并部署下一步的行动，嬴政还亲自前往河南（今河南洛阳附近）前线。他命令桓齮率秦军主力向南部进攻邯郸。桓齮在平阳（今河北磁县东南）歼灭赵军十万余人，杀其主将扈辄。但由于赵军依托漳河和赵长城设防坚守，秦军未能乘胜向北进军。

秦王政十四年（公元前 233 年），嬴政命桓齮率军改由北部进攻邯郸。赵王抽调北边名将李牧率边防主力迎击，在肥下（今河北藁城西南）全歼秦军，桓齮畏罪逃往燕国。嬴政对此极为愤怒，又调动部队于次年分由南北两路进攻邯郸，也都被李牧击退。经过三年的连续作战，李牧虽然连胜两次，但“赵亡卒数十万，邯郸仅存”，国力已消耗殆尽，失去了反攻的能力。

秦王政十七年（公元前 230 年），秦军经过两年休整后，嬴政派内史腾率军一举灭掉了韩国，然后腾出手来全力对付赵国。为减少进攻阻力，秦王指使郭开向赵王诬告李牧谋反，使这个屡破秦军的大将被斩首。

廉颇被弃，李牧被杀，赵国朝中无人可以为将，于是嬴政命王翦、杨端分两路由南、北合击邯郸。秦王政十九年（公元前 228 年）大破赵军，占领邯郸，俘赵王迁，赵国灭亡。

赵亡后，嬴政亲至邯郸，了解军情，观察形势，令王翦率军进屯于中山故地，准备下一步进攻燕国。

荆轲谋杀之举激怒了秦王，加速了燕国的灭亡。楚国虽有名将项燕，但在秦国铁骑面前也无大的作为。

燕太子丹为了挽救燕国，避免灭亡，决心派人刺杀秦王嬴政。田光把荆轲推荐给太子丹，荆轲为人深沉，爱好读书击剑，所交游的都是贤豪长者。

他本打算准备充分再行动，因太子丹急于行事，只好勉为其难。临行，太子与宾客都穿白衣送行，到易水边，狗屠高渐离击筑，荆轲慷慨悲歌："风萧萧兮易水寒，壮士一去兮不复还！"至秦，荆轲以燕国奉献给秦国的督亢（今河北易、涿地区）地图和秦叛将樊於期的人头为觐见礼，得上朝堂。由于荆轲想抓住嬴政作为人质要挟，结果谋刺未成，荆轲被杀。

秦王嬴政惊魂稍定，大怒，立即增兵中山，命王翦攻燕。秦王政二十一年（公元前 226 年），秦军攻下燕都蓟（今北京西南），燕王喜率残军逃至辽东（今辽东地区）。

嬴政判断燕王残余力量远逃边境地区，仅能自保，暂时不可能对秦构成威胁，于是决定将主攻方向转向南方。秦王政二十二年（公元前 225 年），派大将王贲攻魏，包围大梁，并决黄河水灌城。魏王假投降，魏亡。

魏亡后，秦的主要对手仅存楚、齐两国，嬴政曾向青年将领李信询问"齐、楚何先？"'李信认为应该先弱后强，他说："楚地广，齐地狭，楚人勇，齐人怯，请先从事于易。"

但嬴政没有同意，他知道经过秦的拉拢，齐国已表示中立，如秦攻楚，齐不会助楚，若攻齐时，秦军远征，楚国就有可能乘机攻秦。而且楚强齐弱，破楚后再攻齐，易收迎刃而解之功。

攻楚前，嬴政又问李信灭楚需要多少兵马，李信到底年轻气盛，说只需要二十万人，再问王翦时，王翦说需要六十万人。嬴政便认为王翦老了，胆怯，而李信气势壮勇，便派李信、蒙武率二十万人于秦王政二十三年（公元前 224 年）攻楚。

由于李信轻敌，在指挥上失误，被楚将项燕击败。消息传到秦国，秦王嬴政又怒又悔，亲自到王翦家，向这位已称病退归故里的老将军道歉，请王翦出征，并按王翦所提要求，发兵六十万。

王翦采取坚守不战，在敌疲惫退兵之际再发起追击的方针，大破楚军，攻破楚都寿春（今安徽寿县），杀死楚将项燕，俘虏楚王负刍，楚国灭亡。嬴政亲至寿春视察，部署秦军继续向江南楚地进军。

秦王政二十五年（公元前 222 年），嬴政派王贲、李信率军北进，以扫清燕、代（赵亡后赵国公子嘉在此地称代王）残余势力，为最后灭齐作准备。秦军于当年迅速攻占辽东，俘燕王喜，燕灭。尔后立即回军西指，虏代王嘉。此时王翦所部已平定了江南广大楚国地区，原降楚的越君降秦，仅余齐国未灭。

对于齐国君臣，秦国原是极尽其收买、离间以及笼络、麻痹的种种手腕。这样做是符合秦国的“远交近攻”的战略的。因为齐国远离秦国，如能使齐国自我孤立起来，不参与其他五国的事务，当然大有利于秦国。而齐远处海滨，秦国又表示对她友好，自己也就乐得“坐山观虎斗”。到齐王建时，由于听信相国后胜——也是秦国重金收买的内奸的谗言，长期不修武备，尽享太平，推行“绥靖政策”。每次列国中有谁向他求救，均予以拒绝；每当秦国灭亡了一个国家，他不但不吸取教训，提高警惕，反而遣使前去祝贺。

齐王建认为，只要与秦国搞好关系，就能保住江山社稷。他在位的四十四年中，不备兵革，安于无事，从不习兵演武。及至韩、魏、赵、燕、楚五国被秦国灭亡，只剩他孤零零一家时，他才害怕起来，但为时已晚了。

公元前 221 年，秦王嬴政采取出其不意、避实击虚的作战方针，命王贲、李信避开正面，由燕地南下，直趋齐都临淄。数十万大军如泰山压来，齐军望风披靡，一触即溃。秦军如入无人之境，兵不血刃，仅两个月时间，就全部占领了齐国。那位齐王建及其后妃宫眷被押到共城，软禁在松柏树林之中，衣食不继，终于饿死。

秦王嬴政就是这样各个击破，将六国一一消灭，完成了统一大业，已经延续了几百年的割据分裂及互相混战的局面，终于结束了。

值得一提的是，东方六国除了曾订立协议合纵抗秦外，某些国家之间还另订有同盟条约，如齐楚联盟，燕赵联盟等，但都被秦王用计离散了，使其保持“中立”，或加以威胁使其不敢救某国，这样使各国被攻时都处于孤立无援束手待毙的困难境地。秦王嬴政灭六国，完成统一，前后仅用了十年时间，除了实力的因素外，各个击破这一重要谋略无疑发挥了极大作用。

六国既灭，亘古未有的大一统局面也就出现了。在此以前，周室除了拥有狭窄的王畿与微薄的收入以外，对于各诸侯国的内政，根本无权过问。而现在，秦王嬴政建立了集权的中央政府，直接号令全国各地，不但可以驱使帝国内所有的臣民，同时也能攫取所有的财富。

在此以前，“诸夏”或“中国”都只是笼统的概念，而不具有确切的范围与实际的组织。到秦王政时，“中国”两字才有了具体的意义，它代表一个伟大的帝国，有广阔富饶的土地与优秀的人民。这个划时代的变革，是由秦王嬴政所完成的。

秦王嬴政既已统一天下，即召集群臣议帝号之事。他对手下的文武百官说：“寡人虽然出身卑贱，幸赖先人保佑，连番出兵，所向皆捷，如今既败六王统一天下，寡人认为，盖世功德，理应流传后世广被颂扬，因此劳烦众爱卿仔细琢磨，以定万世之号。”

最后群臣认为他的功业只有三皇五帝可比，应称“皇帝”，又规定王命为“制”，王令为“诏”，皇帝自称为“朕”。为了让自己的帝业传之万世，秦王自称“始皇帝”。当然他的帝业不可能传万世，仅仅传了二世就灭了，但他有个传之万世的名字——秦始皇。

软硬不吃 笑傲霸王

战争不只是勇气的抗争，也是智谋的较量，既要斗力，还要斗勇，更要斗智。智慧是勇气的翅膀。有勇无谋，是匹夫之勇，是鲁莽之勇，一定会遭敌暗算。宋代大文豪苏轼说："匹夫见辱，拔剑而起，挺身而斗，此不足勇也。天下有大勇也，猝然临之而不惊，无故加之而不怒。"所以，只有智勇合一，有胆有识，才能战胜敌人。

中国第一流的谋略大师都深深懂得这个道理，所以他们在与对手较量时总表现出"计"高一筹，这个"计"就是计谋。

楚汉相争，双方在成皋一带对峙，战局成胶着状态。项羽几次猛攻，刘邦都不出战，凭着深沟高垒予以抵抗。

为了逼刘邦出战，项羽把在彭城（今徐州）俘获的刘邦的父亲和吕后押到阵前，扬言刘邦再不出战就要架起火炉将他们烹了。却不料刘邦嘿嘿一笑，说，我和大王曾在怀王面前结为兄弟，我的父亲也就成了你的父亲，如果你要烹你的父亲，请分给我一杯汤喝。

项羽气愤不已，又对刘邦说，现在天下人生灵涂炭，不能安宁，就是因为我们两人的相互争斗，这样旷日持久，没完没了。现在请你走出城门，我们在这里比拼一场，以定胜负，也好有个了结。

当然，这样的号召对于成熟的刘邦来说是贫乏的，只见他捻着胡须，缓缓道出了流传千古的名言：“吾宁斗智，而不斗力。”说话时带着几分微笑，也带着几分自信，气得项羽嗷嗷大叫。

为什么刘邦只愿与项羽斗智不斗力？一是因为当时刘邦实力逊于项羽，二是因为项羽无谋多徒恃其勇，斗智不斗力，正是以己之长，攻敌所短。

比较一下两人的发迹史，可以看出两人的特点。

刘邦出身布衣，曾为泗水亭长，当地乡绅吕公（就是后来被项羽抓住要烹死的那位老先生）做寿时，别人送上的礼单上都只照实写上五十文钱或是一百文钱，唯独他虽然囊空如洗，却大笔一挥写上一万块的贺仪。喜得吕公请他坐了首席，并将女儿吕雉许配给他。

项羽出身楚国贵族家庭，其祖先项燕是楚国著名将领，与秦兵作战被杀。他的叔父项梁也是著名战将，参加反秦起义，多次打败秦军，但后来被章邯带领的奴隶军队打败而丢了性命。项羽小时候，就是这位叔父指点他读书，但项羽读不下去，又教他学剑，也没学成。项梁便大声呵斥他，项羽回答说：“读书不过能记姓名而已。学剑也只是一人敌，不值得学习，要学的话我就要学万人敌。”项梁便教项羽兵法，但项羽仅略知其意，不求甚解。

当秦始皇出巡的时候，刘邦和项羽是如潮的观众中的两位著名看客。看到那宏大的场面、威武的卫队、华丽的服饰，刘邦艳羡不已，但只敢偷偷地说：“大丈夫应当这样！”而项羽豪气干云，大叫“彼可取而代也”！项羽身长八尺有余，力能扛鼎，才气过人，吴中子弟没有不畏服的。

为了尽快打败秦军，楚怀王召开御前会议，决定分兵两路，直取关中，并规定先入关者称王。结果狡猾的刘邦避开秦军主力，得以先行入关，而项羽破釜沉舟，专打硬仗，耽误了时间，入关要比刘邦晚几个月。但如果没有项羽在中原地区拖住秦军主力，刘邦又岂能乘虚而入关中？

刘邦从斩白蛇起义到入关，一直没有真正打过一次硬仗，长期避实击虚，避重就轻，不比项羽，打的都是硬仗，所向披靡。但也正因如此，使刘邦更注意以计谋取胜，而项羽则一味依赖武力。

项羽以为有了八千子弟就可以横行天下，却不知道可以马上打天下，不可以马上守天下；刘邦比他成熟得多，知道如何用谋，如何组织有利于自己的统一战线。

项羽在战场上确实是英雄。秦兵征伐六国时英勇杀敌，势不可挡，可是碰上项羽率领的江东八千子弟时，却像懦夫一样，被杀得落花流水。巨鹿一战，楚军主将项羽下定决心，破釜沉舟，指挥得当，结果大破秦兵，取得了决定性的胜利。他的胜利也使诸将畏服，觐见时都爬着行走不敢抬头。巨鹿之战，充分显示了项羽叱咤风云的英雄气概。

项羽善于使力，却不善用谋。秦因横征暴敛失了人心，项羽推翻了暴秦，却丝毫未做争取秦人的工作，使秦人心服归顺，而是以屠杀为能事，把秦人推向其对立面，谁反对他，这位西楚霸王恃其有战无不胜的以江东八千子弟为核心的楚军，东征西伐，想凭着武力占有天下。

项羽推行落后的分封制，人为地制造了许多矛盾。而当出现矛盾时不是化解，是企图用武力平服，结果对手越来越多，出现了四面树敌，自己真正成了孤家寡人的局面。

反观刘邦，他就表现得比项羽成熟得多，懂得用谋，知道如何收拾人心，如何拉拢对手，瓦解对方阵营，知道如何组织有利于自己的统一战线。

进入秦都咸阳后，刘邦便与关中父老“约法三章”，废除秦朝苛政，获得广大市民的拥护。当项羽设鸿门宴时他扮作可怜相，获得了优柔寡断的项羽的信任。

当楚汉战争开始时，他大力瓦解楚军阵营，彭越和黥布本是项羽的得力战将，但都被刘邦挖走了，这两支力量成为牵制项羽、袭扰项羽后方的重要力量。

刘邦还注意选择和使用人才，这也成为他获得天下的关键因素。在战时最起作用的人才无非是两种，即谋臣与骁将。有谋臣运筹帷幄，有骁将冲锋陷阵，才有胜利在握的希望。而有无人才，决定于能否任贤举能。刘邦用人是五湖四海、唯才是举。在他那里，什么样的人都有：张良是贵族，萧何是县吏，陈平是游士，樊哙是屠夫，周勃是吹鼓手，灌婴是布贩子，韩信是流氓，彭越是强盗，黥布是囚徒。这些人除张良外，出身都下贱，但都各有所长，刘邦都能量才录用。人们常把刘邦胜利归之于“汉三杰”：萧何、韩信、张良。正如刘邦所总结的：“运筹帷幄之中，决胜于千里之外，我不如张良；治理国家，安抚百姓，保证后勤供应，我不如萧何；率领百万大军，战必胜，攻必取，我不如韩信。这三人都是人中之杰，我能用之，这是我取得天下的原因。项羽有一范增而不能用，所以失败了。”“三杰”中除萧何外，张良和韩信原本属于项羽，但项羽没做到人尽其才，结果项羽恰恰是败在他们手里。

刘邦因其得人心，五湖四海之人纷纷投奔他，尤其是有奇谋之士为他献上正确的策略，人心也就更向往。所以，尽管他开始力量弱小，且屡战屡败，但因其能集众智成大智，得到军民的拥护和支持，垓下之战终于打败了曾经是“无敌将军”但徒有匹夫之勇的西楚霸王项羽。

㊧ 顺势列阵　巧妙用兵

张良、萧何、韩信被称为“汉三杰”。“三杰”之中，真正独当一面与项羽进行正面对抗，帮助刘邦攻城略地，使他的美梦变成现实的是大将军韩信。

韩信是一位天才统帅。纵观中国历史，韩信的军事才能是罕有其匹的。

韩信善于打各种各样的仗，他善于根据己方的情形，针对不同的对手，制定不同的作战方针。他还特别善于利用河川地形消灭敌人，像黄河的渡河攻击、井陉的背水之阵、对潍水渡河中的楚军进行歼灭战等，都是精彩至极的战役，也是兵学原则成功的实践。

但就是这位不朽的军事天才，在秦末兵火连绵的岁月中险些被埋没，说起来真令人难以相信。

韩信出生在江苏淮阴一个贫民家庭，由于父母都死得早，年少的他四处游荡。据说村民们都讨厌他，但他很有志气。《史记》中记载一位洗衣的老妇人送饭给他吃，他曾说过“将来一定要加倍报答”，这个诺言后来果真实现了。

韩信虽因家境贫寒上不起学，但他勤奋好学，喜爱兵家著作。韩信对用兵打仗很有研究，但很有忍性，不是那种匹夫之勇。有个“胯下之辱”的故事颇能说明这点。

淮阴街上有一个无赖，看身材高大、腰佩长剑的韩信不顺眼，缠住他找碴。韩信不加理睬，沉默不语。后来围观的人愈来愈多，那个无赖更加嚣张地说："有种就把我杀了，没种就从我胯下爬过去。"

韩信默视了对方一会儿，两手着地，真的从对方胯下爬了过去。围观的人都嘲笑韩信没有男子汉气概。然而，韩信的头脑很冷静，他深知如果逞一时匹夫之勇，与那个无赖打起来，打输了可能丧命，打赢了也没有好果子吃，所以，唯一的办法便是忍耐。

公元前 209 年，当高举反秦大旗的项梁、项羽叔侄率江东八千子弟兵到达淮河两岸时，韩信毅然加入了他们的部队。一心求取功名的韩信，拼命毛遂自荐，却总是得不到项羽的重用。失望之余，韩信脱离了项羽，加入刘邦的队伍之中，随刘邦进入汉中。

但最初韩信也未得到刘邦的重用，甚至险些因犯军法而被杀掉。不过，丞相萧何慧眼识英雄，看出韩信是难得的大将之才。他曾数次向刘邦荐贤，但刘邦依旧重用自沛县起兵而来的曹参、樊哙、灌婴等人，根本未把韩信放在心上。

韩信再次失望，决心另觅主人，加入了逃亡的队伍。这可急坏了萧何，他来不及禀报刘邦，就去找韩信，于是，出现了月下追韩信的千古美谈。萧何费了不少口舌才把韩信劝回。

当刘邦责怪萧何去追一个裨将时，萧何郑重地告诉刘邦：

"其余的将军加起来也抵不过一个韩信，您不想夺天下也就罢了，如果想取得天下，必须重用韩信。"

刘邦这回相信了萧何，马上召见韩信，破格拜为大将军。韩信交的第一份答卷是被明人唐顺之认为可与"隆中对"相媲美的"汉中策"。

韩信详细分析了天下大势和刘邦、项羽的优劣特点，认为项羽有"匹夫之勇"和"妇人之仁"，指出项羽在政治上"所过无不惨灭，天下多怨"；以坑害秦卒的三个秦王（章邯、司马欣、董翳）做关中王，秦民愤恨不已；由于分封不公，诸侯也不满；因为不能任贤使能，士卒也不能为他卖命效力。而刘邦自入关以来，秋毫无犯，废除暴秦的法令，深得民心。所以他得出的结论是项羽"名虽为霸，实失天下心"，"其强易弱"。韩信又指出项羽舍弃关中而以彭城（今江苏徐州）为都城，以不得人心的三秦王去阻挡刘邦，是战略上的两大错误，由此判断"三秦可传檄而定"。纵观整个楚汉战争，"汉中策"实起了首要的战略指导作用。

韩信分析了当时形势之后，又指出汉军"吏卒多为山东（崤山以东）之人，日夜都盼望东归，可以利用这种心理成大功"。建议刘邦"不如决策东向"，还定三秦。

韩信还制定了还定三秦的战役方针，即"引兵从故道出袭雍"。雍是章邯的封地，在咸阳之西，首当汉军要冲，所以要首先袭击。

汉王元年（公元前 206 年）五月，田荣起兵反楚。八月，汉军开始对三秦之地发动突然袭击。为了麻痹章邯，韩信派将士数百人去赶修入汉中时烧毁的栈道。栈道相连三百多里，地势险峻，到处是悬崖峭壁，赶修栈道的困难是可想而知的。

雍王章邯闻报刘邦在修栈道，果然不作防备。正当明修栈道时，韩信、刘邦亲率主力，暗中密抄故道（陈仓道——从汉中入褒城到凤县，经嘉陵江至散关出陕西宝鸡）占领陈仓（宝鸡）。章邯仓促应战，被汉军击败。汉军再击好畤（今陕西乾县），雍军又败。汉军乘机围雍都废丘（今陕西兴平），同时派诸将分兵略地，塞王司马欣、翟王董翳投降。至此，韩信明修栈道，暗度陈仓，兵出汉中，还定三秦的计谋得以全部实现。

次年（公元前 205 年）十月，刘邦率军出函谷关，河南王申阳、韩王郑昌及魏王豹等先后降汉。

乘项羽主力在秦作战之机，刘邦偷袭彭城得手。但由于骄傲轻敌，疏于戒备，又被项羽回军击败。刘邦只得退守成皋、荥阳一线。

原已降汉的魏王豹等见刘邦惨败又叛汉附楚。这些人中以魏王豹对刘邦威胁最大，当时他占据河东（今山西），西进可以威胁关中，南下可以切断荥阳与关中的联系，于是，刘邦决定以韩信为丞相，与灌婴、曹参首先打击魏王豹。魏王豹得知，马上调集重兵于蒲坂（今山西永济西、黄河东岸）、临晋等黄河重要渡口，企图阻止汉军渡河。

韩信的战役指导方针是声东击西，避实击虚。他在临晋黄河西岸调集大批船只，布置佯渡，以牵制住蒲坂的魏军；自率汉军秘密向北转移至夏阳（今陕西韩成西南，黄河西岸），出其不意地用木罂（以木料夹缚陶瓮做成的木筏，浮力大，可载人马）渡河，奔袭魏军后防要地安邑（今山西夏县西北）。当时魏国重兵在蒲坂，国都在平阳（今山西临汾西），由夏阳渡河袭击安邑，正好切断了魏军的后方联络线，可以把魏军聚歼在安邑西南黄河拐角处。果然，魏王豹仓促返军迎战，兵败被俘，魏地尽归汉王所有。

韩信平魏后，根据出现的有利形势，又提出“请兵三万人，愿以北举燕、赵，东击齐，南绝楚粮道”的战略计划。这一计划很有远见卓识，极大地影响了楚汉战争的进程，对刘邦转弱为强，由不利转为有利，起到了关键作用。

当时广大北方各诸侯国，大抵成自立状态。楚汉主力在成皋、荥阳相拒。虽然刘邦已联络英布、争取彭越，命他们扰乱楚军后方，但不构成对楚军战略上的威胁。而韩信认为趁项羽无力北顾，诸侯各自为政之机，如能率一支有力部队，开辟北方战场，略取河北各国，则既可扩大地盘，又可用燕赵之士扩大汉军，对楚军右翼可形成绝对优势。如再转锋南进，既可对彭越形成战略包围，灭楚兴汉的计划便可望实现。

刘邦没有理由不接受这么英明的建议，他为了表示支持（同时也是监督），还派遣熟悉赵国内情的张耳做韩信的辅佐。于是韩信开始向北方跃进，由太原东越太行山，于汉王二年十月逼近出入河北平原的门户——井陉隘口。

该处是由山西盆地越太行山脉进入河北省冀中大平原的要地。

“我布置背水阵，使他们知道除了拼死一战外，无路可逃。而赵的大军却缺少必死的决心，所以容易被我们击破。”

在到达井陉之前，韩信已扫清了外围障碍。他先是击破太原北方的代王，把兵力纳入自己的部队，又把代王陈余派遣的相国夏说俘虏了。此时刘邦却以韩信兵力充足为由将派来增援的三万精锐部队抽调回去，使韩信不得不中途招收散兵游勇及地方武装，将他们训练成军。

当赵王接到汉军东进的警报后，急忙派出号称二十万的大军兵发井陉，以截击汉军。

应该说赵国也有能人，谋将（军师）李左车就向将军陈余（即代王，兵败后归附赵国）建议：“韩信虽然连战皆捷，声势极大，但有冒进、远离本国的弱点。当军队来到井陉隘口时，由于路窄，车队不能并行，马也不能成列，自然使队伍拖长，运粮部队会被远远抛在后方。因此，将军不必出击，只需坚守城塞。而由我率奇兵三万，出间道，逼近敌人侧背，对运粮部队加以攻击。如此，则汉军进不可战，退无后路，稍延时日，军粮不继，不出十日，即可斩下韩信的首级。”

但陈余不赞成这个建议，认为韩信兵力单薄，且劳师远征，已极度困乏，不必用迂回策略，只需正面作战就可取胜。

韩信侦知陈余不用李左车之计，非常高兴，立即进军。到离隘口还有三十里的地方时，韩信派出轻骑部队两千人，命他们先出发，并交代说：“每人带一面红旗出间道，秘密接近敌城，暂时埋伏在山中。我军不久会佯败。到时，敌方将尽出城中守军追赶。你们乘隙入城，将赵旗拔去，竖起汉军红旗。”又发出一个充满自信的军令：“今日破赵后会餐。”

韩信判断陈余不会攻击汉军先头部队，以免吓走汉军主力，便先派一万人通过井陉隘口，渡过绵蔓江（由山西平定东流，出井陉南，经井陉东向北流入冶河），在赵营以西背水列阵。

天明时分，汉军万人大张旗鼓出井陉口，越背水阵而进，赵军开营出击。双方激战后，韩信佯败，丢弃旗鼓，退入背水阵。赵军果然争相出击，连城中守军都出城争抢旗鼓，追击汉军。汉军伏兵两千人乘虚突入赵营，换插汉旗。

赵军开始觉得韩信的军队不堪一击，没想到攻到背水阵时，却无法再前进半步。这是因为韩信的部队见后方是河，无路可退，只有拼命战斗。双方厮杀一阵后，赵军见一时难以取胜，只好暂时鸣金收兵，却不料城中布满了汉军旗帜，顿时惊慌失措，乱成一团。汉军前后夹击，大败赵军，斩陈余，擒赵王歇和李左车，取得辉煌胜利。

战斗结束后，部下争着向韩信请教：为什么背水列阵，这可是违背军事常识啊。

韩信解释说："这并非忽视军事原则。《孙子兵法》上不是有'投之亡地而后存，陷之死地而后生'这样一句话吗？我并不是一个对人素有恩信的人，实际上是一驱市人而战之人。因为我军中的精锐部队大多被调回，剩下的几乎都是沿途募集到的新兵，训练不足，可以说是一群乌合之众，如果没有后面这条河，一定会全部逃走。现在我布置背水阵，使他们知道除了拼死一战外，无路可逃。而赵的大军却缺少必死的决心，所以很容易被我们击破。"

诸将听完韩信的解释，个个叹服。

以新募集的三万部队，用背水之阵击败了赵国的二十万大军后，韩信想乘势长驱攻燕，于是亲手替被俘的李左车解绑，向他请教。

李左车考虑到韩信的部队虽然连战连捷，但是兵力已用到极限，相当疲惫，因此建议韩信：先让部队休整一段时间，等到战斗力已恢复后，再把部队展开部署在国境上，然后派使者带一封信出使燕国，向燕王施加压力。燕国因为对韩信数败强敌的威名畏惧，一定会屈服。燕国一旦屈从，再派一位雄辩之士到齐国劝降，齐国也一定会望风而降。

韩信采纳了李左车的意见，果然不战而征服了燕国。

之后，韩信继续征讨。先是向东横跨河北平原，渡过黄河后再转向南进，在汉王四年（公元前 202 年）10 月，突袭毫无防备的历城，击破齐军，并进追齐国首都临淄。齐王别无他法，只得向宿敌楚国求援。

项羽虽然恨齐王反叛自己，但担心齐国被汉军攻破后，自己的侧背将暴露在敌人前面。而自己最主要的敌人是刘邦，因此，不妨与齐国建立统一战线，于是，他命令大将龙且率领号称二十万的大军急赴救援。

当龙且率军进入高密时，韩信的军队还没有渡过潍水（在今山东潍县东面十公里处，向北流入海）。龙且的幕僚中有人主张打持久战。他们说："先把楚军来援的消息告诉各地齐军以鼓舞士气，然后内外呼应，截断敌人粮道，那么远征二千里，孤军深入的韩信势必乏粮，不久便不战自溃。"轻敌贪功的龙且没有接受这个建议，率楚、齐军与韩信军夹潍水对峙。

韩信为了击破精锐的楚军，首先命士兵准备一万个沙袋，堵塞潍水上游，然后率军渡河进攻龙且。待楚、齐军出战，韩信即佯败而退。

楚、齐军认为他们胜券在握，在龙且指挥下拼命过河追赶汉兵。这时，韩信发信号给留在上游伺机而动的士兵，打开用袋子垒成的河坝，河水立刻增高，把楚、齐军分割成两半。

至此，韩信等到了预期的最好机会，他立即指挥反击。结果，在渡河部队最前方指挥的龙且，在乱军中被杀死，他率领的军队也完全溃败。韩信紧追留在潍水东岸的齐王以及齐、楚联军，最后在城阳（潍县东）追上齐王。

就这样，韩信在决定攻齐战略上，仅以不到两个月的时间，就取得了完全的胜利，把数年来在楚汉纷争间保持中立的齐国一举击败。而且，韩信在破魏后提出的破赵下齐，"南绝楚粮道"，从北翼对彭城形成战略包围的计划也已完全实现。不仅囊括了整个北方，平定了代、赵、燕、齐四国，而且歼灭了龙且所率楚军主力。为垓下决战创造了极为有利的条件。

刘邦知道，在众多的汉将中，能正面和项羽对抗的，也只有韩信一人。

汉王五年（公元前202年）十二月，刘邦召集各路大军在垓下会合，与项羽决战。汉军的决战部署是：韩信率军首战项羽，兵分三路，韩信居中，孔熙将军居左，陈贺将军居右。汉王刘邦率主力为第二梯队；周勃、柴武为第三梯队。总兵力在五十万人以上。而项羽的兵力不到十万人。

刘邦把战功卓著的常胜将军韩信调到正面，直接与楚军交锋，是因为他很清楚，楚军虽然败局已定，但还颇具实力，而众多的汉将中，能正面和项羽对抗的，也只有韩信一人。

韩信亲率中军迫近垓下（今安徽灵璧县东南），但项羽亲自指挥的楚兵锐不可当，使得韩信的部队一时不支而后退。楚兵乘胜追击，将要追到韩信的中军时，不料把两侧暴露在韩信左右军之前，掉进韩信预设的陷阱里。这是韩信最擅长且运用多次的战法。结果是楚军遭到韩信左右军夹击和中军的反击，损失惨重。项羽被迫入壁坚守，被汉军围困达数重之多。

为了涣散楚军军心，韩信又组织汉军在楚营四周大唱楚歌，使项羽错误地判断了形势，以为子弟兵都加入了汉军之列，从此丧失了战斗意志。项羽认为汉军已尽得楚地，便乘夜突围南逃，但最终未能摆脱汉军的追击，自刎于乌江（今安徽和县东北）。

至此，中原大决战的最后胜利归于刘邦。当然，导演这一场辉煌胜利的，还是韩信这位天才军事家。后人在评价韩信的军事才能时说："古今兵家者流，当以韩信为最。"而在评价其对刘邦建国的贡献时，则称赞"汉之所以攻天下，大抵皆韩信之功也"。这样的赞语绝非虚誉。

略施妙计　重围自解

汉高祖六年（公元前 201 年），匈奴王冒顿单于率军南进，包围了马邑（今山西朔县），迫使内乏粮草、外无救兵的韩王信投降。

本对汉高祖刘邦心怀不满的韩王信便充当了冒顿单于南下侵略的向导。匈奴继续向汉朝统治区深入，越钩住山（今山西代县西北）攻太原郡。冒顿单于前军进至晋阳（今山西太原南），韩王信军进至铜鞮（今山西沁县南）。

高祖刘邦无法容忍韩王信和匈奴对汉朝边境的一再骚扰，决心予以严惩。

汉高祖七年（公元前 200 年），刘邦率军在铜鞮一带击破韩王信，进军晋阳。当时冒顿单于正在上谷（河北怀来）附近，刘邦为摸清匈奴实力，派人以出使为名到冒顿单于所在地方进行侦察。

但狡猾的冒顿单于马上识破了刘邦的企图，决定用示弱手段诱使汉军北进，然后伺机歼灭。他首先坚壁清野，将粮食辎重藏匿起来，然后又把精壮人马全部开到山区隐蔽，暴露在营外的尽是残兵弱卒，瘦羊老牛。

汉朝使者果然上当，误以为匈奴军老弱居多，不堪一击。当汉使者的情报材料送到刘邦手中时，他召集大将开会商议，是进军吃掉匈奴还是撤军南下。

以樊哙为首的大将都被虚假的情报迷惑住了，坚决主张抓住机会狠狠教训匈奴一顿，保证边境安宁。

只有谋士陈平心怀忧虑：“冒顿单于凶悍无比，加上一个奸诈多谋的韩王信，恐怕这是一个诱敌之计，须再派亲信人士去打听真实，才可进兵。”

为了得到更准确的消息，以防万一，刘邦听从了陈平的建议，派了久戍边地、熟悉番情的刘敬再次前往打探。

刘敬走后，刘邦经不起性躁的樊哙等人的怂恿，统领三十万大军出发了。全军一路顺风地越过了钩住山，直抵广武，刘邦喜不自胜，再无戒心。

此时，刘敬探得消息回来复命，所说情形依然如故。但他力劝高祖不要轻进。理由是：两国相争，只见过耀武扬威、各炫兵力的事，然而冒顿单于的人马却都是老弱瘦残，如果真是这样，昔日匈奴何以能驱逐大月氏、东胡，横行塞北？可见其中有诈！

陈平也认为刘敬的分析很有道理，力劝刘邦暂停进军。可刘邦这时正想着乘胜前进扫灭匈奴，根本听不进去。反而责怪刘敬动摇军心，命人将他拿下，关入大牢，待得胜归来再行发落，然后亲率人马再进。

汉军骑兵在前，策马飞驰；步兵在后，拼命追赶，但仍然追赶不上。陈平等人看到这一现象，预感不妙，想进言又担心重演刘敬悲剧，终于隐忍未发。不久，前锋骑兵和后面的步兵的距离越拉越远。

当时正值寒冬季节，风雪交加，天寒地冻，汉军将士多系中原和江南人，极不适应，加之御寒装备落后，有近三分之一的人冻伤了手指和耳朵。

匈奴还在进一步引诱汉军，沿途几次小接触，他们都是诈败退走。这更使刘邦轻敌冒进，不等主力步兵赶到，就率骑兵先后追至平城（今山西大同）。

而冒顿单于此时已率近四十万骑兵潜伏在平城以北地区。当刘邦进至白登（大同东北三十里）时，冒顿单于迅速部署部队四面合围。

匈奴兵漫山遍野冲上来，刘邦急忙指挥部将厮杀。但长途行军后的汉军疲劳不堪，又怎能禁得住以逸待劳的匈奴兵的猛烈砍杀呢，他们很快就抵挡不住了，只得且战且退，护着刘邦逃到白登山上。匈奴兵把白登山围了个水泄不通，到这时刘邦才后悔没听刘敬的话。

冒顿单于见汉军已进入口袋，也不急于进攻，以免汉军背水一战，夺路而逃，他指挥匈奴兵停止攻击，在山下四周驻扎下来，准备困死汉军。为了恐吓汉军，冒顿单于把骑兵分成四队，西方尽白马，东方尽青马，北方尽黑马，南方尽黄马，军容极为壮观，他想以此打击汉军士气迫使他们投降，达到不战而屈人之兵的目的。

退到山上后，刘邦也不能老吃后悔药了，因为那毫无益处。他振作精神，与陈平、樊哙等人商议对策。

当时最好的对策莫过于坚守待援，虽然冒顿单于有四十万大军，但刘邦不也带来了三十万步卒吗？不过他们要赶到这里需要经过七天的艰难跋涉，而且他们还要能抗住匈奴增援部队的阻击。但即便如此，在白登山的部队能坚守七天吗？

此时寒气逼人，尤其是到了夜晚，山势高，气温低，风又大，再加上所携干粮不多，将士们多依赖捕获一些野味来补充食物。天寒人饥，汉军是无法支持长久的。

当时，军中的谋士要算陈平最有谋略了，这位智多星曾经数次献计，使刘邦转危为安，现在看他的了，刘邦把希望寄托在他身上。

其实，陈平自上山那一刻起就在苦思脱身之计。避祸脱险对陈来说已经有过数次经验了，当楚汉战争开始时，他因得罪了主人项羽，决心背楚归汉。过黄河时，艄公见他仪表非凡，又单身独行，怀疑他是逃亡的将领，身上一定藏有金银财宝，顿起谋财害命念头。陈平察言观色，知道他们心怀歹意，心生一计，故意脱掉衣服，往船板上用力一甩，袒露上身，帮助船夫撑船。船夫由此知道他一无所有，才没有动手。

当然，这只是小试牛刀而已，而且只保全了一人之性命，不关大局。但两年后，当楚汉双方在荥阳对抗，面对项羽的强大攻势，刘邦无法抵抗时，陈平心生一计。他让面似刘邦的纪信假扮刘邦出城诈降，以迷惑项羽，趁项羽放松警惕时，刘邦与众人从后门溜走。

但这一次白登山之围能像前两次一样吗？两军交兵，不可能放下武器，向对方表示自己没有敌意，因为那是投降。有汉朝皇帝在此，怎么可以向匈奴外邦投降呢？当然，也不能再找一个像刘邦的人出来假投降，因为白登山不是荥阳，只有一条路可以出走（也正如此刘邦才能坚守），匈奴大兵又里三层外三层围得密不透风。借巧劲是出不去了，看来只有让匈奴兵主动让开一条道放刘邦下山归国。

如何才能让狠毒的匈奴王让开一条道呢？冒顿单于精心构造了这个陷阱，是不会轻易撤围的，除非有人向他进言，而且这个人一定得对冒顿单于具有绝对的影响力。

心念及此，陈平便向俘虏的匈奴兵打听他们的冒顿单于最听谁的话。匈奴兵异口同声回答说是阏氏——冒顿单于的皇后。

阏氏不但人美，而且熟谙军机。因此，深得冒顿单于的宠爱，经常将她带在身边，形影不离。此时她正在营中。于是，陈平的妙计成熟了。

当陈平把自己的计策告知刘邦时，刘邦虽觉把握不大，但除此之外别无他法，只得照办。

于是，陈平找了一位颇具胆识的使臣，命他带着大批珠宝美服和一幅美人画像下山，去拜见阏氏。

汉使见了阏氏，先将珠宝献上，然后说明来意道：

“我们圣上今日被围在山上，想与冒顿单于议和，从此两不相犯。圣上知道冒顿单于最听阏氏之言，故派小臣前往觐见。”

阏氏收了宝物，心有所动，但想解围事大，如自作主张，怕冒顿单于怪罪，感到有些为难。

汉使见阏氏面带犹豫之色，便取出那幅美人图，在阏氏面前展开，说道：“这个美人是我们圣上特意为冒顿单于准备的。如果冒顿单于不马上放我们走，汉朝只好送更多的美女给冒顿单于，请阏氏三思。”

阏氏见图中美人生得花容玉貌，比自己胜出许多，不免生出几分醋意。阏氏想，这样的美人一送到冒顿单于身边，冒顿单于一定宠爱有加，哪还有自己的地位！如果汉朝再送这样的美人，我不是要打入冷宫吗？看来要解自己的围首先得解汉王的围。于是答允汉使一定尽力劝冒顿单于放汉军走。

当天晚上，阏氏向冒顿单于进言：“听说汉朝已调集大军，前来救主，明日即可到达。”

冒顿单于不敢相信自己的耳朵，瞪大着眼睛问：“果有此事？”

“千真万确。你想，汉帝被围，汉人岂肯罢休？自然要拼命来救驾。看来明日的血战免不了了。如果有个好歹，你我二人就……”说着竟泣不成声。

冒顿单于安慰他说：“你放心，他有救兵，我也有援兵，不愁打不败汉兵。”

阏氏又说：“自古两主不相困，现在你就算打败了汉王，又能得到什么，他们的地方又不能放羊牧马，终不如我们的家乡。再说我们的援兵在哪？韩王信至今未见，他本是汉人，只怕另有所图吧。”

这一席话把冒顿单于说动了。本来冒顿单于与韩王信约好夹攻刘邦，但由于联络中出了问题，韩王信未及时赶到平城，使冒顿单于疑心他与汉王有密谋。再说，打败了汉王匈奴又不能占有他们的土地，还得在自己的草原上骑马打猎牧羊，不如索取一点金银财宝合算。

于是，冒顿单于传令围兵网开一面，放刘邦撤走。

再说山上，陈平、樊哙等人接到汉使的回报之后，一夜未睡，他们一直在山岩的后面眼巴巴地望着山下的番营。待天将黎明，只见山下影影绰绰地有人影在移动，还不时传来马的嘶鸣声。又过了一会儿，天色明亮起来，陈平发现山下东南方向有一角隙地平空腾了出来，他料知这是冒顿单于听从了阏氏的话。陈平心想，此时不走，更待何时！便忙着指挥大军，护着刘邦即刻下山。

为防备意外情况发生，陈平让士卒分成前锋和后卫两部分，弓箭手夹护圣上居中，张弓搭箭，备用双簇。又告诉太仆（御马手）夏侯婴，一定要沉稳地慢速行车，否则，定会有祸。

到了山麓，匈奴兵见汉军有条不紊，从容不迫的样子，还以为真的有诈，因此，列阵两旁，不敢妄动。

于是，汉军不费一兵一卒，便全部逃脱。

这样，陈平用空头美人换来了刘邦的平城脱险。但历史并没有忘记作弄汉朝，此后不久，由于匈奴南下袭边而汉朝又无力反击，刘邦终于采纳刘敬的建议，采取和亲政策，以宗室女称为公主，嫁冒顿单于为妻，并每年赠送大量的棉絮、酒、米等物。就这样，延续数百年之久，直到唐朝还在沿用此法，这是陈平所未能想到的。

避招风雨　贪财自污

古语说："木秀于林，风必摧之；堆出于岸，水必湍之；行高于人，众必非之。"古往今来，不知有多少智者、仁人，因其才能出众，技艺超群，招来别人的嫉妒、诬陷，甚至丢了性命。这里的"别人"，或者是他的同僚，或者是他的下属，而最危险的莫过于那支毒箭发自于封建皇帝之手。于是，避招风雨，让主子放心便成为一些智者仁人从实践中总结出来的一种处世安身的应变策略。

刘邦打天下时，为争取人才，尽量封官赏地，而夺了天下时，就开始宰"功狗"了。

刘邦之所以能战胜项羽，其主要原因在于能用人，用能人，这是后人总结的，也为他自己所曾明言。但这种用人带有极大的策略性。当打天下时，为争取人才，尽量封官封地，但这种封赏不是出自他的心愿。如韩信请求封为代齐王时，刘邦第一反应就是破口大骂，只是当首席谋士张良狠狠地踩他一脚时，他马上醒悟目下正是用人之时，还不能得罪韩信，便马上改口封韩信为真齐王。刘邦是秋后算账的老手，这些事他是不会忘记的。所以当获得了天下，刘氏已安时，他便开始对韩信等异姓王下手，这便是"卧榻之侧，岂容他人鼾睡"？所以，韩信坐上囚车时方醒悟地悲叹说："果然像人们常说的：‘狡猾的兔子捕完了，好猎狗就要煮着吃了；高飞的鸟雀射尽了，好的弓箭就要收藏起来了；敌人都消灭完了，有功的谋臣就该完蛋了。’现在天下已经统一了，我这个功狗必然挨宰了！”

刘邦的虽然宰了不少“功狗”，如韩信、彭越、黥布、陈稀，但萧何、张良、陈平等没有被宰掉，他们与西汉王朝始终保持良好关系，不仅帮助稳定政局，还为保卫西汉王朝做出了重要贡献。其原因是多方面的，尤其跟他们善于避祸趋福大有关系。其中想方设法避嫌疑最有特色的当数萧何。

萧何与刘邦关系最深，对西汉王朝功勋也最大。他与刘邦是同乡，曾经担任沛县主吏。刘邦年轻时造成许多麻烦，都得到萧何的帮助才得以化解。刘邦当亭长带民伕到咸阳服徭役时，县里其他小吏都是送刘邦三百块钱，唯独萧何送他五百文钱。可见萧何对刘邦的交情比别人深。刘邦对他多送的这二百钱也念念不忘，当皇帝后，多封萧何二千户，以示感激之情。

秦末陈胜起义后，四方揭竿响应，刘邦聚众数百人在芒砀山待机行事。萧何派樊哙去招来刘邦，在萧何的策划和帮助下，刘邦杀了沛县县令，拥立刘邦为沛公，萧何为丞督，专管杂务。萧何是这次起义的倡议者和组织者，而这次起义成功对刘邦后来的事业发展具有决定性的作用，可以说，萧何为刘邦立了第一功。

后来刘邦进咸阳，诸将都争抢金银财宝、子女衣服，萧何则目光远大，专门收集秦的律令、书简，这使刘邦集团“具知天下厄塞，户口多少，强弱处，民所疾苦”，为刘邦后来争夺天下和治理国家提供了很有益的参考资料。

消灭暴秦后，刘邦被项羽封为汉王，项羽另封章邯等三个秦降将为王，扼守秦川险地，以挡住刘邦东出的要道。此时萧何又向刘邦献策：“愿大王王关中，养其民以致贤人，收用巴蜀，还定三秦，天下可图也。”被刘邦采纳，并任命他为丞相。萧何又向刘邦推荐大将之才韩信，定三秦，与项羽争天下。

在以后长达数年的楚汉战争中，萧何帮刘邦镇守关中，把关中建成刘邦巩固的根据地，刘邦虽屡被项羽打败，但由于萧何能及时补充兵卒，供应粮食，所以能把战争支持到底并最终获得胜利。刘邦当皇帝后，论功行封，萧何因“镇国家，抚百姓，给馈饷，不绝粮道”，功评第一。

萧何尽管功大，且与刘邦关系甚深，但他从不恃宠欺人，居功自傲，而是始终小心翼翼，如履薄冰，如临深渊，努力协调君臣关系。

刘邦与项羽在荥阳、成皋一线对峙时，多次派使者到关中慰劳萧何。时人鲍生提醒萧何说：“现在汉王暴衣露盖在外作战，却数次派人来慰劳你，是对你起了疑心。为你计议，不如派能带兵的兄弟子侄到前线去，汉王就会放心，也就会更加信任你。”萧何听从其计，刘邦果然非常高兴。以后论功行赏时，刘邦还特意提到此事，说：“诸君跟随我的，家属多的只有两三人，而萧何的宗族就有数十人随我在前线作战，其功不可忘记。”

刘邦率军镇压陈稀反叛时，得知韩信在关中谋反被吕后杀掉，便派使加封萧何五千户，又派一都尉领五百兵丁保卫萧何。人们争相向他表示祝贺，只有召平却去吊唁。

萧何惊问其故。他对萧何说：“祸害从此产生了。皇上在外作战，你在家里守着，没有矢石之功，却加封人户增设卫队，这是因韩信在内谋反，皇上已经怀疑你了。现在派卫队保护你，并非宠爱你。建议你不接受那些封户，并将家中财物拿出支援平叛。”萧何听了，茅塞顿开，立即照办，刘邦也就放了心。

刘邦统军讨伐黥布叛军时，也曾数次派使者到关中问“相国在忙些什么”，有人便敏锐地意识到了这个问题，对萧何说：“你的家族快灭了。你任相国，功劳第一，已不能再加官晋爵了。你初入关时，就很得民心，你在关中十多年，尽力为民谋利，老百姓都记挂着你，衷心拥护你。正因为你得人心，所以皇上怀疑你，故而数次派人查问你在干什么，其实是怕你在关中造反。你何不多强买民田民宅，使皇上知道你贪财会失去民心，他就可以安心了。”

萧何觉得这番话真是金玉良言，立即照办。当萧何在关中强买民田民宅弄得许多老百姓到处告状的报告送到刘邦手中时，刘邦笑了。

不久，刘邦从前线回到关中，数千民众挡道告状，说丞相强行低价征买民田民宅，请求皇上作主。刘邦对老百姓表示要严肃处理。但当萧何拜见他时，他却把老百姓的状纸递给萧何，说："你自己去处理好了。"给了他一个下不为例的警告。

萧何本是尽力为国尽心为民的，强买田宅以求自污是他避嫌疑的权宜之计。尽管他处处谨慎，事事小心，也仍被刘邦抓进牢中，几乎杀头，这不是说明萧何不会避祸，而只是应了那句古训：伴君如伴虎。

韬光养晦　大度容人

汉代有一个充满迷信而又耐人寻味的传说：汉高祖刘邦当年起兵反秦时，有一条白蟒蛇挡住了去路，刘邦让白蟒让路，不然就斩断它。白蟒蛇拒不让路，说："你敢斩我的头，我就闹你的头；你敢斩我的尾，我就闹你的尾。"刘邦大怒，不斩蛇头，也不斩蛇尾，举剑将白蟒蛇拦腰斩断。

这条蟒蛇后来转世到了人间，就是王莽。"莽"和"蟒"同音。王莽果然闹了汉王朝的中间，建立了一个为时十七年的新朝——王莽新朝，使四百多年的汉朝分为两段——前汉（西汉）和后汉（东汉）。

当然，传说归传说，不足为据，但复兴汉室，推翻王莽统治使中国复归统一的刘秀是个极有本领也是极有谋略的人，这是史有实据的。

刘秀是高祖刘邦的第八世孙，他九岁丧父，与兄刘縯、刘喜依靠叔父刘良生活。刘秀为人谨慎、厚道，勤于稼穑，他哥哥刘縯常讥笑他像汉高祖刘邦的哥哥刘喜。当年刘喜因为辛勤耕田得到其父的夸奖，而刘邦因游手好闲、到处游荡受到批评，刘邦做皇帝后对他父亲说："现在我的产业比刘喜谁的多呢？"刘縯把刘秀比作刘喜，极大地刺激了刘秀，从此，他笃志于学，发奋图强，才智日进。

王莽篡汉后进行了一系列"托古改制"，非但没能制止住日趋剧烈的土地兼并，解决农民不断奴婢化和流离失所的问题，反而使这些严重的社会问题进一步恶化，对连年发生的自然灾害起着推波助澜的作用，农民困苦到了极点，终于爆发了绿林、赤眉大起义。

公元 22 年 10 月，十八岁的刘秀追随其长兄刘縯，在舂陵（今河北枣阳市东）发动七八千名子弟起兵，并正式提出“复高祖之业”的口号。

起义初期并不顺利。人们都不听刘縯的话，纷纷逃亡，说刘縯是在杀他们。因为造反是灭族，刘縯叫他们造反，这无异于要杀害他们。后来，当看到刘秀也穿着红色的将军服，加入造反队伍时，他们才放心：“像刘秀这么谨慎、厚道的人也造反，看来没有错！”这么一来，就有越来越多的人加入起义队伍。

后来刘縯率领的这支队伍与新市、平林兵联合作战，打胜仗时获得财物，因分财物不均，众人愤恨，想杀了刘縯、刘秀兄弟。刘秀不贪财物，便将他同族人中得到的财物全部交出，分给大家，才息事宁人，避免了一场内讧。由于刘秀为人宽厚，又不爱财，得到众人信任，威信较高。

刘秀决心像汉高祖刘邦推翻秦朝统治建立汉朝一样，推翻新莽政权恢复汉朝统治，以适应人们因弃恨新莽而普遍思议的心理需要，赢得广泛的同情和支持，所以，他们不久就派人与绿林军联络，并很快加入绿林军中。他们的加入增强了绿林军的实力，使绿林军的发展更为迅速。

刘秀对兵将们说：“现在敌强我弱，若同心抗战，也许还能取胜，如果分散逃走，必然全军覆灭。”结果昆阳一战，义军以少胜多，大败莽军。

第二年（公元 23 年），已拥众数十万的绿林军为了提高号召力，决定立一刘氏宗室做皇帝。下江军头王常和南阳士大夫都主张立刘縯，但新市、平林诸将一向胡作非为，担心威严的刘縯严肃军纪会束缚他们，便主张立为人懦弱易于操纵的刘玄。他们议立刘玄后，才派人把刘縯找来，宣布要立刘玄为帝。

刘縯当然想做皇帝，但又不好明说，便提出现在立皇帝还不是时机，建议缓一缓。但遭到朱鲔、张印的坚决反对，新市、平林将领都支持立刘玄。于是刘玄称帝，改元更始。

刘玄非常懦弱无能，据说举行登基仪式时，吓得战战兢兢，冷汗直流。

刘玄当了更始皇帝，大赦天下，连封数王，连宫里的厨师、火夫都封了爵位。当时老百姓编了一首歌谣予以讽刺："灶下养，中郎将；烂羊胃，骑都尉；烂羊头，关内侯。"这样的皇帝仅仅是个木偶，很多绿林军的将领和各郡县的县吏根本不听他的命令，当时刘秀、刘縯弟兄俩的军事实力很强，但被封了个不很高的官职。尽管如此，大家在反对王莽政权的问题上，是团结一致的。

更始元年三月，刘玄命刘秀率兵攻占昆阳（今河南叶县）、定陵（今河南舞阳）等地，以保证主力攻占宛城。王莽急派司空王邑、司徒王寻发州郡兵四十三万，号称百万，包围昆阳，并把许多虎、豹、象等猛兽带入军中，以壮声势。自秦以来，数这次出动的大军规模最大，大有横行天下，无坚不摧之势。

面对强大敌人，汉兵人心惶惶，不少人企图弃城逃跑。在这个关键时刻，刘秀挺身而出，对兵将们说："现在敌强我弱，若同心抗战，也许还能取胜，如果分散逃走，必然全军覆灭。"最后，刘秀派部将王凤、王常坚守昆阳，自己带十三名轻骑，深夜潜出城外，冒死到郾县、定陵等地集合各路汉军，组织了三千人的敢死队，猛攻昆阳外围的敌军，斩首数百千级，连战连胜。刘秀又假作宛城已破"宛下兵到"的战报，莽军将士听到，士气益落，绿林军则"胆气益壮，无不一当百"。昆阳城中守军也乘势出击，王莽军大乱，四散溃走，互相践踏，伏尸百余里。

昆阳大战的胜利对反莽各军鼓舞极大，许多地方也起来杀死郡守，自称将军。"旬月之间，遍于天下"，对摧毁王莽政权起了决定性作用。

昆阳大战使刘秀兄弟名声大震，同时也导致了部分起义将领对他们的嫉恨。加上刘玄即帝位后，刘縯的支持者非常失望，不服刘玄的调遣，两派的矛盾逐渐加深。刘玄虽然懦弱，但涉及权力问题时表现得很凶狠，他担心刘縯在朝，他的皇位不稳，便决心下毒手将他杀害。

刘縯的部将刘稷是一员猛将，曾经数次冲锋陷阵，勇冠三军。但为人心直口快，当听到刘玄称帝时，他火了，说："起兵图大事是刘縯兄弟，刘玄干了什么？"刘玄和朱鲔、张印等人听了，非常忌恨，便派兵将他逮捕下狱。刘玄想杀了刘稷，又怕刘縯知道跟他算账，朱鲔便劝刘玄干脆连刘縯也一块逮捕，一起处决。

当宛城这一内讧发生时，刘秀还在父城。兄长无辜被害当然极其怨恨，但刘秀深知当时新市、平林军队势力强大，已掌握了更始政权的领导权，如轻举妄动，不但会白遭灭亡，而且对反莽大局不利。刘秀权衡利害，采取了韬光养晦的办法。

刘秀马上回到宛城，对刘玄说："陛下圣明，家兄罪有应得，诛之甚当。"并说自己也有罪过，表示一定效忠更始皇帝。当刘縯的部下迎候刘秀时，刘秀不和他们说私话，以避猜疑。也不谈昆阳大捷的功劳，只说："家兄不知天高地厚，命丧宛县，自作自受。我等当一心匡复汉室，拥戴更始皇帝，不得稍有二心。皇帝如此英明，汉室复兴有望了。"刘秀的这种态度，感动得众将纷纷泪下。

刘秀非但如此，他还不为刘縯穿戴丧服，饮食言行与平时一样。当然，这只是表面现象，当他一个人独处时，就饭也吃不下，暗自掉泪，泪水把枕席都弄湿了。

这个秘密被将军冯异发现了，他知道刘秀内心很痛苦，就去安慰他。刘秀忙嘱咐说："你千万别乱说。"冯异便借机劝刘秀道："天下人都痛恨王莽而思念汉朝。现在更始皇帝诸将横行肆虐，到处掳掠，百姓大失所望，无所依靠。现在明公独当一面，广施恩德，宜马上派人到各郡县，处理冤假错案，赈济平民百姓。这样就可以收拾人心。”刘秀点了点头。

其实，看出刘秀强颜欢笑的不只有冯异，谋杀刘縯的朱鲔也知道刘秀善于韬晦之计，所以他劝刘玄把刘秀也杀掉，以免除后患，或者至少要监督起来。

也许是刘玄对杀刘縯有愧，也许是刘秀的举动感动了刘玄，总之，这回刘玄没有听朱鲔的意见，自作主张拜刘秀为破虏大将军，封武信侯。一场可以掀起轩然大波的内讧暂告平息。这件事说明刘秀处事有方，善于隐忍私愤，既保存了自己，又顾全了大局，真正做到了“忍小愤而就大谋”。

果然，刘秀的韬光养晦之计很快就获得了报偿。绿林军即将占领长安之际，更始政权准备迁都洛阳，任刘秀为司隶校尉。不久，刘玄见河北纷乱，无所统属，便派刘秀行大司马职权“持节北渡河，镇慰州郡”。刘秀终于像困龙入海一样可以大展宏图了。

从当时战略形势看，王莽已经垮台，东方的赤眉军和西方的绿林军力量都很强大，两强不能并立，兵戎相见在所难免。洛阳长安就是两强争夺的漩涡中心。当时河北群雄蜂起，群龙无首，“徇河北”的任务对白手起家的刘秀而言非常理想。既避开了漩涡中心，脱离了刘玄的掌握，又能凭借汉宗室的身份和昆阳大捷的威望去收抚，兼并河北群雄，以河北为根据地，扩张自己力量，形成逐鹿中原的第三势力。等待赤眉、绿林互相火并，精疲力竭时，挥师南下，就可以收渔翁之利了。

开初，刘玄派尚书令谢躬率领六员大将攻打割据河北的王郎，很久也未能攻下来。刘秀到后，表面上虽然与谢躬协力同心，实际上却想趁机铲除他的势力。每次见到谢躬，刘秀都要慰劳他，称他辛苦了。谢躬勤于职守，刘秀常常称赞他说：“谢尚书真是能干，人才难得。”谢躬得到刘秀的美誉，也就不怀疑刘秀会加害于他。

当时，谢躬率兵数万驻扎在邺地，刘秀准备牵攻青犊义军，对他说：“我追击青犊军于射犬附近，一定可以打败他们。那时山阳的尤来军就会逃走，如果尚书出击，一定可以获胜。”谢躬说：“好。”

等到青犊义军被打败后，尤来义军果然朝北逃跑，谢躬便派大将刘庆、魏郡太守陈康守邺城，自己带领主力去追击尤来。尤来无路可逃，拼死反扑，反把谢躬打败了。当谢躬离开邺城时，刘秀却掏了他的老窝，派将军吴汉、岑彭去袭击邺城。事先又派说客劝陈康投降，陈康果然同意，将刘庆及谢躬的妻子逮捕后，开门投降。

等到谢躬被尤来打败逃回邺城时，并不知晓陈康已经叛变，只带了数百骑兵率先入城，结果被吴汉的伏兵杀死，部众全部投降。

此事足见刘秀城府之深。令人惊异的是有个女流之辈对刘秀的举动早有所警惕，她就是谢躬的妻子。她怀疑刘秀不怀好意，常常告诫丈夫说：“你和刘秀平素很难相处，现在却相信他的那些漂亮话，不加防备，总有一天会吃他的苦头。”谢躬不以为然，终于吃了大亏。

刘秀不但善于韬光养晦，而且豁达大度，胸怀宽阔，这使他得以成就大业。

公元 25 年，刘秀称帝后，命吴汉、冯异等十一位将军攻击洛阳。这时的洛阳由更始皇帝的部将朱鲔把守。由于朱鲔拼命固守，刘秀部队连攻数月，也未能攻下来。

后来刘秀听说部将岑彭当年曾是朱鲔的校尉，便派他去劝降。朱鲔对岑彭说：“大司徒（指刘秀胞兄刘縯）被害，我参与筹划，更始帝派肃王（指刘秀）去河北，我已阻拦过，并建议除了肃王，这些罪过，我想肃王是不会原谅的，因此不敢投降。”

刘秀得知此事，便托岑彭对朱鲔说：“要干大事的人，不能计较小过，朱鲔如降，官爵不动，我可以对黄河水发誓，决不失信！”

朱鲔听后，叫人用绳子把自己捆起来，到达河北（今河南孟州市）汉光武帝那听候发落。汉光武帝见到朱鲔急忙下座，亲自解下绳索，向他表示慰问，并拜其为平狄将军，封扶沟侯。

对于另一支农民起义军——赤眉军，光武帝刘秀也是采取一种怀柔的方式予以收编的。

赤眉军是一支朴实的农民武装，在推翻更始皇帝斗争中做出了巨大的贡献。但由于缺乏领导，纪律性又差，攻入长安后，又烧又抢，老百姓纷纷逃散，号称百万之众的赤眉大军，在长安城中得不到军粮，开始向秦岭终南山一带转移。行军途中，遇到大雪，冻死饿死了许多人，只好又退回长安。

汉光武帝派大将邓禹乘机攻击赤眉，结果遭到赤眉军的伏击，邓军大败，死伤三千多人，邓禹只带了二十多名骑兵逃了回来。

汉光武帝分析了一下赤眉军的情况，他知道赤眉军打仗个个英勇，但由于兵马太多，粮秣匮乏，他们无法久居长安，只有采取以逸待劳的办法，以饱待饥，步步围堵，不断分化。因此，他派冯异去执行这一任务。

临行前，汉光武帝送冯异一辆马车，一口宝剑，叮嘱他说：“长安一带遭兵灾，老百姓穷困到了极点。这次出征，长安敌军肯降，只要把他们的头子送到京城来就行了，士兵可以让他们回家种地、养蚕，决不要杀害士兵，再多带些粮食，到时一定能用得上。”

果然不出汉光武帝所料，长安城已到了饿死人的地步，一斤黄金只能换五斤豆子。赤眉军只好东撤，到了渑池（今河南渑池西）同冯异部队相遇。

冯异用计，将自己的一部分军队也装成赤眉军，扰乱赤眉军阵营，结果赤眉军大败，有八万多人因饥饿投降了汉军，还有十几万冲出了重围，继续向东行进。

光武帝这次亲自带兵堵截，在宜阳与赤眉军相遇。赤眉军见汉军森严壁垒，军威雄壮，自己又饥又饿，都无心作战，只好派刘氏宗室刘恭代表赤眉军，向刘秀乞降。

刘秀立即命令宜阳县令，将全县的厨师集中起来，给十多万赤眉军做菜、做饭，让他们饱餐一顿。饥饿疲乏到极点的赤眉军，受到这样的待遇，对光武帝感激不尽。

第二天，光武帝刘秀在汉水边布阵，让赤眉军将领观看，并对赤眉军将领樊崇等人说："你们投降了，后悔不后悔？如果后悔，朕可以让你们回营，重新集合部队，再行决战，朕决不强求你们投降。"

樊崇听了，吓得头也不敢抬，徐宣则连连叩头，说："归顺皇上，早有此心，今日如愿，如同婴儿见了慈母一样，只有喜欢，没有后悔的。"

光武帝听后哈哈大笑。

吕蒙“白衣渡江”

吕蒙是三国时期的东吴大将，他从小就练得一身好武艺，为东吴立下了赫赫战功，因此深受孙权的赏识和器重。

鲁肃病死后，吕蒙接替了鲁肃的职位，率军驻扎在陆口，为孙权担当北御曹魏、西抗蜀汉的大任。

当时，关羽正在攻打曹魏驻防的樊城。吕蒙看到，如果关羽攻下樊城，那么势力一定会大增，这必然会给东吴带来极大的威胁。于是，吕蒙就上书孙权，要求出兵攻打关羽。

孙权和吕蒙想的一样，他也觉得关羽是东吴之大患，一直想找个时机将其除掉。无巧不成书，就在这时候，曹操派使者来联络孙权，希望孙权能够帮自己一把，袭击关羽的后方，以解樊城之危。这样的好机会孙权当然不会放过，立马和曹操一拍即合，共同对付关羽。

众所周知，关羽绝不是等闲之辈，不是那么容易对付的。虽然亲自率大军进攻樊城，但对身后的吕蒙也心生防备。

吕蒙看到关羽对自己防备很严，没有下手的机会，就想了一个对策。

吕蒙身体一直不好，经常生病，于是，他就装做旧病发作，一病不起。

为了骗到关羽，孙权还正式发布命令，让吕蒙回家养病，同时，还派了一个叫陆逊的年轻书生去接替吕蒙。

关羽听说吕蒙病重。接替他的是一个年轻书生，心里很高兴。关羽心想，吕蒙病了，自己的后方就没有什么可担忧的了，于是就放松了警惕。

陆逊一上任，就派人带着自己的亲笔信去拜见关羽，信中说："关将军战功显赫，没有人不佩服将军神威，我今后还得仰仗将军多多照顾。"

关羽看到陆逊谦逊、老实，就更放心了，于是，就把原来防备东吴的人马陆续调去攻打樊城了。

孙权看到关羽中计，心中大喜，马上任命吕蒙为大都督，迅速袭击关羽后方。吕蒙大军开到浔阳的时候，为了掩藏大军的行踪，吕蒙就让人把所有的战船都改装成了商船，把精锐的士兵藏在船舱里，让摇橹的士兵扮成商人，穿上商人穿的白色衣服。

准备完毕后，"商船"向长江北岸进发了。到了长江北岸，守防的蜀军看到都是穿白衣的商人，也没有太在意，就让他们停靠在自己的港口。一到晚上，躲在船舱里的东吴士兵一齐出来，神不知鬼不觉地把蜀军将士全部抓住。这样一来，吕蒙大军就轻易地占领了长江北岸，进而抢占了公安。

占领公安之后，吕蒙明令入城的东吴将士要严守纪律，不许侵犯百姓，违令者斩首示众。还优待俘虏，慰问投降的蜀军家属。很快，吕蒙就赢得了民心。

在吕蒙袭击关羽后方的同时，曹操也派徐晃抵达樊城前线，这样，关羽受到徐晃和吕蒙前后夹击。

关羽并不死心，企图联络公安的蜀军旧将反戈，里应外合给吕蒙以重创。结果发现那里的士兵没有人再愿意跟东吴开仗，全都真心归顺了东吴。到这个时候，关羽领教了吕蒙的厉害，但是已经晚了，只得撤军樊城，败走麦城。

瞒天过海的关键在于一个“瞒”字。瞒得过则大功告成，瞒不过则弄巧成拙。但是，“瞒”不是最终目的，而是“过海”的必要手段。这一招中的“天”指对自己构成威胁的对象。要善于抓住“天”的弱点施谋设计，用“瞒”解除了“天”的威胁，“过海”也就不难了。

石达开破湘军

太平天国起义是晚清一次规模宏大的农民起义，给清朝统治带来了很大威胁。朝廷派出众多将领前去围剿太平军。曾国藩所率领的湘军就是其中一支主力。

1854 年冬，曾国藩率湘军水师沿长江直奔鄱阳湖，在这里，迎战他的是太平天国的翼王石达开，双方在湖口这个地方形成对阵之势。湖口是长江入鄱阳湖的入口，军事位置极为重要。如果湘军能突破这个关卡，则能一路长驱直入，直捣太平军后方。双方都知道此战的重要性，因此也都比较谨慎。

太平军在湖口江面上筑起了一道水上城墙，这道“墙”由一座巨大的浮筏和修建在上面的木城构成，并有许多战船在旁把守，士兵们宛如在地面上作战一样自如。双方开战后，曾国藩几次想要突破这道防线，结果都被太平军顽强地粉碎了进攻。

曾国藩意识到，太平军对湖口这个地方特别重视，甚至不惜一切代价，都要守住这里。也正因此，曾国藩觉得这可能是太平军的最后一道防线，一旦突破，就胜利在望。于是，他也发誓一定要夺下这里。经过一番血战，太平军终于寡不敌众，开始败退。长江通往鄱阳湖的防线被湘军打开一个缺口。

初战告捷，曾国藩非常高兴。他决心趁热打铁，趁太平军处于弱势时，将其一举消灭。于是，他率领湘军的一百多艘轻便小船，通过这个缺口冲进鄱阳湖，追击太平军。

令曾国藩有些奇怪的是，湘军从湖口到鄱阳湖一路并没有遇到抵抗，几千名士兵很快就全部进入鄱阳湖中。这不像是太平军的风格啊？正在他百思不得其解之时，突然，四周又重新出现太平军的战船，而湘军背后的缺口也被太平军牢牢封锁。湘军陷进了石达开的水上包围圈。

原来，让湘军顺利进入鄱阳湖，正是石达开的诱敌深入之计。他了解到，湘军的水师由大、小两种战船组成。大船主要承载辎重武器，负责军队的后勤保障。小船很轻便、速度快，而且灵活，但要依靠大船做后盾。曾国藩打开的缺口，只能容小船通过，大船是无法过来的。曾国藩求胜心切，忘记了两种战船应该配合作战，只顾着带着小船向前冲，结果让大、小船分离，湘军的战斗力也大大被削弱。因此，石达开也是故意让曾国藩能够顺利进入鄱阳湖，好形成围攻之势。

等曾国藩意识到这一点，已经晚了。数不清的太平军战船从四面八方涌来，鄱阳湖上一时间炮声隆隆、火光冲天。湘军的小船准备不足，又缺乏弹药等供给，被太平军烧毁、击沉了大半，败局已定，退路也被太平军封死了。

看到自己的水师惨败，曾国藩羞愤不已。他自觉无颜向朝廷交差，自己一生英名尽毁，不禁心灰意冷，冒出轻生的念头。趁人不备，曾国藩扑通一声跳进鄱阳湖中，想要自尽。幸亏他手下的将士及时赶到，把他救了上来，并趁乱突围出去。

此战之后，太平军士气大涨，全国战局也在一定程度上被扭转。

俗话说："天上不会掉馅饼。"要想利诱敌人，除了诱饵要足够诱人之外，还要让敌人感到诱饵得来不易。石达开率领的太平军在据守湖口关卡时的顽强，让曾国藩愈发觉得这个地方的重要性，也才容易引诱湘军进入包围圈。相反，如果诱饵很轻易就能被得到，敌人会产生警惕心理，诱敌的计策也就不容易成功。

石勒诈降破王浚

西晋末年，晋朝皇室之间爆发了争权夺利的“八王之乱”，少数民族矛盾也因为西晋统治者的错误政策而尖锐起来，天下大乱。羯族人石勒趁势而起，在征战中不断发展壮大，他优待汉族地主和汉族知识分子，开始为建立“后赵”政权积蓄力量。

石勒将攻击目标瞄准了西晋幽州刺史王浚。王浚在与石勒交战失败后，曾求助鲜卑、乌桓人的支持，但鲜卑、乌桓人没有响应。这时，石勒的军师张宾分析了王浚兵势衰弱的境况，指出如果石勒采取“欲擒故纵”之计，表示归顺王浚，那他一定会喜出望外。因此，张宾建议石勒智取王浚，而不要硬拼。张宾要石勒给王浚写一封措辞谦恭的信，表示与他和好的诚意，并愿意隶属他扶助他当皇帝。等到王浚对石勒疏于防备时，再乘其麻痹一举消灭他的势力。石勒同意了他的建议，并且马上开始依计行事。

石勒派他的门客王子春、董肇等人带书信和许多珍宝，去见王浚。王浚见石勒归顺于他十分高兴，把王子春等人封为列侯，并派使者以地方特产答谢石勒。王浚的司马游统阴谋叛变王浚，派使者骑马向石勒请降，石勒杀了使者，并送给王浚，以此表示自己的诚实无欺。王浚此时更加信任石勒，对他不再存有什么疑心。

不久，王子春等人与王浚的使者一同回来，石勒下令隐藏起强壮的精兵和武器，显示出仓库空虚而军队软弱的样子，面向北拜见王浚的使者，接受王浚的书信。王浚送给石勒拂尘，石勒装作不敢拿，把它挂在墙上，每天早晚都要敬拜这拂尘。石勒还派董肇向王浚上书，约定日期亲自到幽州去奉拜皇帝的尊号。王浚的使者回到幽州，就其所见陈述了石勒将寡兵弱和对王浚诚心不二的情况。王浚大喜，认为石勒确是可信任的。

石勒见王浚已相信了自己，便开始准备袭击王浚。314 年，石勒发兵袭击幽州。石勒率领轻骑兵日夜兼程向幽州进发。石勒军到达易水时，王浚的督护孙纬立即派人给王浚送消息，请示准备抵抗。王浚对他们说："石公到这儿来，正是要拥戴我当皇帝的，谁再说抗击的话，立刻杀头！"于是，王浚设宴等待石勒的到来。石勒在早晨赶到蓟州区，呵斥守城的人开门。石勒因怀疑城内有埋伏，就先驱赶几千头牛羊，声称是献给王浚的礼品，实际上是堵塞街巷，使王浚的军队不能出战。王浚这时才意识到大事不好，开始坐卧不安了。石勒派手下抓住了王浚，将他送回襄国（石勒的都城，在今河北省邢台市西南）杀死。石勒占据了幽州，吞并了王浚的军队，为不久以后自立赵王奠定了基础。

石勒吞并王浚的过程，实际上也就是欲擒故纵、连续用间的过程。石勒的门客王子春作为奸细，被石勒派往王浚营中，一方面投书结好王浚，一方面侦察王浚在幽州的政治、军事情况；石勒还以重金笼络，收买了王浚的心腹枣高。由于石勒较成功地连续用间，使得王浚完全陷入了错误的认识与判断之中。石勒则因用间而比较全面地掌握了敌军的情况，把握了战机，为他最后的出奇制胜奠定了基础。

不入虎穴　焉得虎子

自从汉武帝派张骞通西域，开辟丝绸之路，使西域各国纷纷附汉后，汉代对西域的影响力可说是每况愈下，其间只有傅介子受汉昭帝之命出使西域，刺杀了抗汉的楼兰王算是立了大功，所以被封为义阳侯。

但到了东汉，出了个大人物，这就是在西域迭出奇谋，屡建奇功的班超。

班超出生在一个书香门第的家庭：父亲班彪和哥哥班固、妹妹班昭都是著名的史学家，他们三人合著了《汉书》。但班超自幼与兄妹性格不同，不走寻章摘句、皓首穷经的学术研究之路，史称他“长于辩才，广搜书籍，粗略过目”。

由于哥哥班固被汉明帝征为兰台令史，班超便以侍奉母亲为由举家迁往洛阳。洛阳与班超的家乡扶风安陵（今陕西咸阳东北）相比，条件当然好多了，但物价也贵多了，仅靠班固那个兰台令史微薄的薪俸来支撑这个偌大的家庭是不够的，班超不得不到衙门做些抄抄写写的工作以弥补家用。

有一天，班超实在忍受不了枯燥无聊的笔耕生活了，把纸笔一推，叹了口气，说：“哎！生为男子汉，怎能这样庸庸碌碌，做这样卑微的工作度过一生呢？应该像张骞、傅介子那样，远赴异域建功立业，争取封侯，那才是男子汉应该干的事业呀！”

同僚们听了他的自言自语，嘲笑道："别做梦了。张骞封博望侯，傅介子封义阳侯，那都是在西域历尽千辛万苦获得的啊。张骞在外十九年，还差点被匈奴杀了，那多危险啊。再说，你是那块料吗？还是多抄几篇文书，多赚几块钱实在些。"

班超不以为然："燕雀怎知道鸿鹄的志向，像你们这样的凡夫俗子又怎么能理解心怀大志的我呀！"

班超向往到西域去建功立业，恰好当时的形势也给他提供了这样的机会。

公元前 60 年，西汉王朝在西域设置了都护府，负责管理西域各国事务。此后六七十年，汉朝与西域各国关系大致是友好的。但到西汉末期，国政紊乱，使西域各国隐伏的离心倾向表面化，加上王莽的新朝对各国施以高压政策，终于导致了西域的全面叛离。汉朝的宿敌匈奴趁此机会重振雄威，把西域各国置于其统治之下。

匈奴的统治十分残暴，各国都难以忍受。建武二十一年（公元 45 年），鄯善、车师、焉耆等十八国联合派遣使者来到汉朝，请求重新设置西域都护府。此时光武帝的东汉王朝刚刚建立，百废待举，头绪繁多，没有余力顾及西域，于是十八国的请求被搁置下来。

后来匈奴内部发生权力斗争，分裂成北匈奴和南匈奴，南匈奴为了自保首先向东汉王朝投降，陷于孤立的北匈奴渐感自危，也希望与汉朝重新和亲。但光武帝只重视同南匈奴的关系，对北匈奴采取不战不和的态度。

这种消极政策到了明帝时有了改观，原因是政局稳定了，社会发展了，生产力提高了。永平十六年（公元 13 年），停息了两百年的汉对匈奴的讨伐战又开始了。

指挥这场讨伐战的是大将军窦固，他是皇帝的外戚，以治军严厉著称。班超听说大军将北伐匈奴，立刻投笔从戎，加入了窦固的部队，被任命为假司马，即最低级的军官。此时，班超已经四十二岁。

虽然班超以前没有从军纪录，但是指挥作战驾轻就熟，如同干老本行一样。有一次战役中，他率领一支小分队进行独立作战，表现极为突出，受到上级的嘉奖。

为了配合对匈奴的讨伐战争，窦固决定派使者到鄯善国，以争取鄯善的支持，从战略上包围匈奴。由于班超文武双全，而且独立工作能力强，被窦固选为使者。

鄯善即是西汉时的楼兰国，地处西域南北两道相交的要冲，战略地位十分重要，所以汉朝和匈奴都在争取它的支持。

班超和副使从事郭恂带随从吏士三十六人来到了鄯善国。鄯善国王本想与汉朝友善，见汉朝使者来了，招待十分周到。但过了几天，那种热情突然不见了，气氛显得很冷淡。

班超察觉到情况不同寻常，判断一定是有外力在影响鄯善，使他态度发生转变。他对部属说：

“鄯善国王从前对我们的态度是何等殷勤，现在忽然冷淡下来了，这里面必定有个缘故。我判断，一定是匈奴也派了使者到这里来，使鄯善国王举棋不定，不知何去何从。这是明白不过的，从他们对我们的态度变化完全可以证实这点。”

他把形势分析后，大家都同意他的看法。班超继续说：“如此一来，我们的处境可就危险了！”

为了摸清情况，班超将鄯善国负责接待使者的官员叫来，诈他说：“匈奴的使者来几天了？住在哪里？有多少人？”

那位官员本就老实，被班超一诈，马上将匈奴使者的有关情况一五一十地告诉给他。

为了保密，班超先把那位胡人关起来，然后召集三十六名将士开会。他拿出水酒，让大家喝几杯。几杯下肚后，大家的情绪逐渐调动起来了，班超见时机已到，便情绪激昂地对众人说：

“各位都是汉朝的臣民，为什么要跑到这个满目黄沙的地方来呢？还不是想立功异域，为子孙谋富贵吗？可是，我们现在已被围困在这里了，进退不能。初到此地时，鄯善王对我们很客气，这是大家都知道的；但最近几天，匈奴使者来了，他的态度就变了，这证明已对我们不怀好意，这样下去，说不定哪天会把我们抓起来，送到匈奴去。到那时，我们就将死无葬身之地了，连骸骨也要喂了豺狼。事情已严重到这个地步，大家想一想，该怎么脱离虎口？”

大家听了，不约而同地说：“您说的不错，该怎么办，您发个话，我们都听您的。”

班超说：“我们只有两条路，要么跑，要么跟他们拼了。但跑是死路，我们只有三十多个人，能跑到什么地方去？恐怕半路上就被消灭了！唯一办法就是与他们拼了！”

众人慷慨激昂地说：“对，我们跟他们拼了！”

班超继续说：“不入虎穴，焉得虎子？我有一计：我们已经知道匈奴使者有多少人，住在什么地方，今晚我们就乘黑夜动手，突袭匈奴使者的客馆，给他们一个措手不及。他们现在正得意，绝对想不到我们会采取这样的行动，自然不会防备，一旦烧杀起来他们就会手足无措，乱作一团。等我们把匈奴使者消灭掉了，鄯善王自然会死心塌地地归顺我们。这样，我们的任务不就完成了吗？”

有个部下说：“这个计划关系重大，我们是不是与郭从事商量一下？”

班超一听，火了：“吉凶成败、生死存亡就在今天晚上了！郭从事是个文弱书生，如果把这种冒极大风险的计划告诉他，他是会担惊受怕的，说不定会把事情泄露出去，那我们就只有死路一条了，那不是弄巧成拙吗？”班超越说越激动：“一个壮士，死要死得有价值，我们怎么能把自己的生命交给一个缚鸡无力的怯懦书生呢？”

大家异口同声说：“对！”

班超见众人摩拳擦掌，士气高昂，心想剩下的只有行动了。于是与大家又一起商量了袭击的一些细节。他把队伍分成两组，命令十个人埋伏在匈奴使者客馆外面，每人手拿大鼓，等到营中火起，就拼命敲起鼓来，大喊大叫，直到获胜为止。其余二十多人由班超亲自率领，每人手拿大刀，带着火种，直冲匈奴使者住所杀人放火。计议停当，只等天黑即可动手。

凑巧这天晚上老天相助，漆黑的天又刮起了大风。班超等人潜到客馆后，一声令下，大家呐喊着一齐冲上，见人就砍，见房屋就烧。风助火势，火借风威，一时间火光冲天，杀声四起，外面又有鼓角助阵，令匈奴使者一时不知来了多少敌人，吓得魂飞魄散，屁滚尿流，慌作一团，不知所措。班超带来的人以一当十，很快就将一百多人的匈奴使团全部消灭了

到了天明，班超清点人数，除了几个受了轻伤外，不缺一人。检点人数后，班超将事情报告郭恂。郭恂果然大惊，脸色都变了。

班超马上明白他的意思，说：“我们这次侥幸取得成功，应归功于你的英明领导。”

众人也一齐附和，郭恂才恢复了常态。

班超又带领壮士们跑到鄯善王那里，把匈奴使者的头颅扔在地上。鄯善王被吓得面无人色。

过了半晌，班超对他好言相慰，宣传汉朝的政策。鄯善王当即表示今后一定死心塌地跟汉朝走，不与匈奴发生关系，并写出誓约。

班超拿着鄯善王的誓约来到窦固的大本营，窦固嘉奖他的功绩，称赞他智勇双全，是难得的外交人才，便提拔他为军司马，命他再度出使西域南道各国，宣传大汉声威。

当时丝绸之路东段有北道和南道两条。北道出玉门关，沿天山南麓西行，

经车师前部（吐鲁番）、尉犁、焉耆、龟兹、姑墨、温宿、尉头，至疏勒（今新疆喀什），再西越葱岭（帕米尔高原），即可到达大宛、康居等国。南道出阳关西行，过盐泽（罗布泊），到塔里木盆地的鄯善，再沿昆仑山北麓西行，经于阗至莎车、疏勒，然后越过葱岭（帕米尔高原），可到达大月氏、安息等国。

现在窦固命班超去西域南道各国，主要是去除鄯善外的于阗、疏勒、莎车等国。考虑到班超这次出使较远，窦固打算给班超增加一些人马。班超谢绝了窦固的好意，说："只要原来的三十六人就够了。如果有什么意外情况，人多了反而是个累赘。"

班超率领三十六名壮士，出玉门关，经盐泽，过鄯善，向于阗挺进。

于阗是"丝绸之路"南道上的一个大国，这时已臣属匈奴，匈奴派有监护使者，于阗王广德对汉使班超一行的到来，表现得冷漠、疏远。班超苦思打开局面的良策。

于阗迷信之风很盛，于阗王大事小事都听巫师的决断。有次，巫师受匈奴监护的指使，说是要杀汉使一匹马祭天。班超将计就计，让巫师来牵马，待巫师到汉使营地时，他突然一剑斩下巫师的头，随后提着人头去见于阗王，晓以利害，劝说他与汉朝恢复关系。

于阗王广德早就听说班超在鄯善诛灭匈奴使者的事，此时见了巫师的人头十分惶恐，于是他立即发兵，主动攻杀了匈奴的监护使者，表示愿与汉朝友好。

班超把带来的金银珠宝，赠送给予阗王和他的臣子。于阗的老百姓听说与汉朝恢复了友好关系，非常高兴，举国上下一片欢腾。

汉明帝永平十七年（公元 74 年），班超一行又踏上征途，继续向西出使疏勒。疏勒位于南北两道在西端的会合点，地理位置十分重要，是与葱岭以西各国往来的必经之路。此时疏勒被北道的强国龟兹控制着，龟兹派了一个叫兜题的贵族在此统治，由于他横征暴敛，老百姓过着十分悲惨的生活。

班超在未到疏勒之前，就周密地分析了疏勒的形势。他率部从偏僻的小路进入疏勒，然后神不知鬼不觉地出现在距兜题居住的槃橐城不远的地方。

班超派一个叫田虑的部下招降兜题。班超指示说："兜题本不是疏勒人，国人一定不肯为他卖命。现在你去劝他投降，他若不肯，你就立刻把他抓起来。"

果然，兜题不肯投降汉朝，田虑便乘其不备，将他捆绑起来。班超接到兜题被捉的消息，立即赶到槃橐城，召集疏勒的文武官员，声讨龟兹攻灭疏勒的霸道行径和兜题的种种暴虐行为，并宣布废除兜题的统治。班超又派人找来疏勒前国王的侄子榆勒，在征得疏勒文武官员的同意下，立他为疏勒国王。为了让龟兹知道汉朝的威德和信义，班超还把兜题放了，并派人把他送回龟兹。

就这样，疏勒也归属汉朝，班超又一次表现出他正确的情况判断力和果敢的处理办法。

永平十八年（公元 75 年）八月，积极主张经营西域的汉明帝去世。在北匈奴的支持下，焉耆等国攻袭西域都护府，杀死都护陈睦，西域局势紧张起来。汉章帝担心独悬域外的班超等人，便下令他们入关。

班超不得已，只好离开疏勒。疏勒人民担心班超离开后可能遭到北匈奴和龟兹的报复，极力挽留班超，于是班超决定暂不离开西域。

两年后，班超率疏勒、于阗军队一万多人进攻姑墨，并降伏了它，不久又降伏了莎车，打败了大月氏。打败大月氏后，龟兹、姑墨、温宿等国都声明归顺大汉。

班超因为这次大功，受命为西域都护，被赋予统辖西域各国的全权。永平六年（公元 94 年）他率军八万讨伐一直未归顺的焉耆、尉犁、危须三国，终于把西域全土五十余国全部平定，这也是汉朝在西域统治的全盛时期。

翌年（公元 95 年）班超以功受封定桓侯。笔耕时代的“狂言”，竟然成了事实，这时班超已经六十四岁。

下篇

谋之有道

鬼谷先人认为，凡是替人出谋划策，必须遵循一定规律，注意从因果关系的角度去探求事物发生、发展与变化的原因。然后，再根据事物的实情，设计出上策、中策以及下策。也可以结合实际需要，综合各种计策的优点，设计出奇谋妙计。

推恩令既然被誉为千古第一阳谋，那说明它在本质上是一种让人无法抗拒的实力碾压。推恩令用温水煮青蛙的方式，完美地解决了从汉初遗留下来的“诸侯王尾大不掉”的问题，为中央集权提供了牢靠的保障。

千古第一阳谋——汉武帝的推恩令

刘邦建立西汉王朝后，鉴于秦朝濒临灭亡时，皇室孤立无援的教训，在严厉打击异姓诸侯王的同时，又大肆分封同姓子弟为王，将他们分派到全国各地建立诸侯国，希望这些诸侯王在紧急关头能够发挥护卫皇室的作用。

但是，事与愿违的是，随着这些同姓诸侯王势力的增强，其觊觎皇位的野心也与日俱增。最终，在汉景帝刘启的时候爆发了“七国之乱”。朝廷以举国之力，虽然勉强平息了诸侯国的叛乱，对诸侯国的势力给予沉重打击。但是，在汉武帝刘彻初登皇位之时，一些诸侯国仍然拥有不容小觑的势力，对朝廷构成了很大的威胁。

元朔二年（前127），谋臣主父偃向汉武帝献计说：“古时诸侯拥有的封地大多方圆不过百里，势单力薄，朝廷当然比较容易控制他们。现如今，有的诸侯王竟然拥有数十座城池，土地纵横上千里，具有强大的势力。朝廷对他们宽厚仁慈，他们却整日骄奢淫逸，时时都伺机图谋不轨；朝廷限制他们，他们就马上起兵叛乱，兵连祸结。为确保江山社稷永固，陛下应该尽早地推行削藩之策啊！”

听了他的话，汉武帝说：“诸侯王尾大不掉，藐视朝廷的权威，朕怎会不知。可是如果朝廷强行削弱诸侯王的封地，就必然会激起他们的强烈反抗。

先帝在位的时候，曾经采纳过晁错的计谋强行削藩，结果，以吴王刘濞为首的七个诸侯国则借口‘清君侧’，联手发动了‘七国之乱’，朝廷当时费了很大的力气才将这次叛乱平息下去。如今，为了避免引发大的社会动荡，如何削藩，朕不得不慎之又慎啊！”

主父偃胸有成竹地说：“臣有一‘推恩散势’的削藩计策，可削分诸侯王之势于无形，今特意将其献于陛下。”

汉武帝高兴地说：“爱卿有何良策，请速速道来，朕必择善者而从之。”

主父偃从容地答道：“如今天下太平，诸侯王广纳妻妾，子弟众多。按照目前的嫡长子继承制，诸侯王的王位和封地只有其正妻所生的长子才有资格继承。其他的子弟虽然也是诸侯王的亲骨肉，但没有资格承袭其父兄的封国，许多诸侯王子弟对此颇为不满。陛下何不下旨准许诸侯王推广恩德，将其封地分别分封给他们的众多子弟呢？这么做，一方面，显示了陛下的仁爱孝亲之道，得到分封的诸侯王子弟必然对陛下万分感激。另一方面，陛下这么做也能够使诸侯王的封地化整为零，大大分散削弱他们的势力，使他们再也没有实力与朝廷相对抗。”

听了主父偃的这番话，汉武帝不由击节称赞道：“爱卿所献之策果然高明，朕即刻下令颁行天下。”

根据汉武帝颁布的“推恩令”，诸侯王除嫡长子继承王位之外，可以推行“私恩”，把王国封地的一部分分给子弟为列侯，并报请皇帝赐予这些侯国名号。诸侯王当然知道这么做必然会削弱自己的势力，但是，迫于众多子弟要求得到封地，他们又不得不这么做。

“推恩令”的施行，使得大诸侯王国被分割成众多小侯国，诸侯国被肢解后，诸侯们的势力随之大减。

在推行“推恩令”大见成效后，汉武帝又采用了强制手段对诸侯王实行削爵、夺地和除国。元鼎五年（前 112），汉武帝以诸侯国所献祭给祖先的

“酌金”成色不好、斤两不足为由，一次就削夺了一百多个诸侯的爵位。元狩元年（前 122），汉武帝镇压了企图谋反的淮南王刘安和衡山王刘赐，淮南国和衡山国被废除，改为由朝廷直接管辖的郡。此外，汉武帝还颁布了《左官律》和《附益法》，《左官律》规定诸侯国官员为“左官”，地位低于朝廷官员，以示歧视，《附益法》限制士人与诸侯交往。从此，诸侯唯得衣食租税，不能参与政事，与一般富豪们没什么差别了。至此，困扰朝廷数十年、对皇权构成极大威胁的诸侯国的大问题终于得到解决，中央集权得到了空前的加强。

诸侯王尾大不掉、与朝廷分庭抗礼，是困扰皇帝的一个大难题。之前，汉景帝刘启采取强硬的手段削藩，结果引发“七国之乱”，连自己的皇位都差点没能保住。汉武帝刘彻采纳主父偃“推恩散势”的计策，采取“以柔对刚、柔中带刚”的手段削藩，化诸侯王势力于无形之中。中国有句古话叫做“四两拨千斤”，讲的正是以柔克刚的道理。纵观历史，不难发现，以刚克刚，两败俱伤；以柔克刚，则马到成功。因此，在现代生活中，无论是为人还是处世，我们应该学会大处着眼，以柔克刚。

挟制天子　号令诸侯

东汉末年，张角领导发动了黄巾大起义，起义军声势浩大，战火遍及全国。

岌岌可危的东汉王朝为了挽救自己覆灭的命运，下令全国各地郡守就地组织人马镇压黄巾军。默默无闻的曹操借镇压黄巾军之机脱颖而出。

进占兖州、收降黄巾军、积极延揽人才，这三个举措为曹操日后统一中原奠定了基础。

黄巾之乱平定后，各地游击军接连揭竿而起，担任骑都尉的曹操讨伐有功，被朝廷拜为济南相，不久又当上了中央军的典校尉。这时，曹操后来的劲敌袁绍官拜中军校尉。

公元 189 年，灵帝死去，十四岁的刘辩继位。不久，大军阀董卓入朝主政，废掉刘辩，拥戴九岁的刘协为帝，这就是东汉最后一帝献帝。

董卓拥立年幼的献帝继位后，独揽大权，无恶不作，为了实现篡位的野心，他又胁迫献帝迁都长安。关东州郡的群雄一时并起，四世三公的袁绍趁机联络十八家诸侯（包括曹操）攻击董卓，俨然是一代盟主。但这种松散的结盟很快就因利害冲突不欢而散了。正当董卓为打败了诸路劲敌而得意时，却不料司徒王允巧使连环计，让董卓死在最亲信的部下吕布手中。

于是，失去控制的各路诸侯乘机发展各自的势力，曹操自然没有放过这个机会。

曹操招兵买马，延揽人才，很快聚集起一批谋臣猛将，形成一支基本武装力量。随后曹操率军进入东郡，击破黑山起义军，占据淮阳，出任东郡太守。

初平三年（公元 192 年），青州百万黄巾军攻入兖州，杀死太守刘岱。济北相鲍信与州吏迎请曹操领兖州牧，曹操趁势率兵进击黄巾军。黄巾军先胜后败，曹操软硬兼施，在济北招降了黄巾军三十余万，男女人口百余万。曹操选其精壮，加以整编，组成以后能征惯战、无往不胜的青州兵。

延揽人才，进占兖州，收降黄巾军这三项举措为曹操日后统一中原打下了基础。曹操身边重要的谋臣如荀彧、荀攸、程昱、郭嘉、毛玠等，猛将如夏侯惇、夏侯渊、曹仁、曹洪、乐进、李典、于禁等，都在这个时期先后成为曹操的心腹骨干。兖州地处中原要冲，周围的割据力量比较分散，既可作立足之地，又可为扩张之本。而收降黄巾军组成青州兵，更使曹操有了攻城略地的王牌队伍。

曹操占据兖州，收降黄巾后，开始了与四周割据者的争雄混战。当时兖州地区北有幽州公孙瓒、冀州袁绍；东有徐州陶谦、刘备；中有陈留张邈、吕布；西有河南张扬；南有南阳袁术、荆州刘表，他们都割据一地，互相兼并，以求发展。曹操利用他们的矛盾，设法分别予以击破。

谋士沮授建议袁绍把天子迎到濮都，挟天子以令诸侯，但志大才疏、目光短浅的袁绍不予采纳，被曹操抢了个先手。

正在曹操南征北战，东伐西讨，寻求发展时，朝廷方面发生了一件重大事情，给他提供了一个可以号令天下的机会。

这件事情就是由于长安被连绵的战火烧得残败不堪，加上连年饥荒，关中粮食不足，献帝在韩暹、杨奉等人的护送下再次将首都迁往洛阳。

献帝东迁时马上就有人看出其价值了，因为汉王室虽名存实亡，但皇帝毕竟还具有象征意义，利用皇帝还可以收到政治上的利益。对于这一点，曹操刚到兖州时，治中从事毛玠就向他提出了："奉天子以令不臣"的建议。但曹操当时忙于内部安定，无暇顾及此事。

不仅曹操的谋士想到了，就是曹操在北方争雄的最大敌人袁绍的谋士沮授也想到了。沮授向袁绍献计道：

"目前冀州已大致平定，兵力日渐强大起来，官吏也尽职尽守，趁这个机会，不如把天子迎到濮都，挟天子以令诸侯，谁还敢不听将军的命令呢？"

这一正确建议却遭到与沮授不和的另一谋士郭图的强烈反对，他的理由是冀州尚不巩固，养那样一个庞大的中央机构也是个沉重的负担。但沮授仍坚持已见，他提醒袁绍：

"如果不早作决定，必定有人抢先。"

但志大才疏、没有政治谋略的袁绍听不进他的建议。正如沮授所预料的，果真有人开始动手了，此人便是曹操。

当时，曹操手下的第一谋士荀彧以大谋略家的远见，力排众议，劝谏曹操说：

"从前晋文公迎周襄王到洛阳，诸侯纷纷听命；汉高祖东伐项羽，为被项羽杀害的义帝戴孝，天下人心很快归附。现在皇帝东流西徙，人们都非常担心，如能在此时恭迎献帝，一定符合天下人的愿望。挟天子以令诸侯，这是一个十分重要的策略。请您当机立断，立即着手这件事。若不早定，将后悔不及。"

曹操接受了荀彧的建议，于是亲自率军到洛阳迎奉献帝至许昌。

事后，袁绍感到后悔，便借口"许下埤湿，洛阳残破"，以盟主的身份，强要曹操把献帝迁到自己据有的邺城（今河北临漳）来。但已经晚了，曹操以献帝的名义加以拒绝。

从此，曹操常以天子的名义发号施令，堂而皇之地征讨异主，掌握了政治上的主动权。

荀彧告诉曹操，只要坚定守住，时局发生变化就会有转机的，许攸献计烧乌巢决定了官渡之战的胜负。曹操“挟天子以令诸侯”是为了其子孙可以“灭天子统一天下”。

荀彧由于献计有功，被曹操封为侍中，代理尚书令，参与军国大事的谋划。而曹操因为保天子有功，被献帝任命为大将军。但曹操此时羽翼未丰，担心这个职务会招人耳目，特别是引起袁绍的忌恨，所以他特意辞掉，只屈居宰相兼车骑将军。

尽管如此，袁绍仍感到曹操的存在对自己所构成的巨大威胁，为此，他决定消灭曹操，独霸北方。于是，亲率大军南下。

当时袁绍动用的军队是步兵十万、骑兵一万，而曹操只有两万兵力。由于双方实力悬殊，战争未爆发前，曹操对打赢这场战争信心不足。这时，被曹操喻为子房（张良）的荀彧又一次发挥了重要作用，他对曹操分析说：

“纵观古今成败，真正有才能的人，虽然力量暂时弱小，后来也必定会强大起来，假使这个人没有才能，力量虽然强大，以后也会弱小下去。刘邦、项羽两人的胜负便足以说明。现在能与您争天下的，只有袁绍一人了。袁绍外表宽厚，实际上心胸狭窄，用人而不信任人；您贤明豁达，用人唯才，不拘一格，这就从气度上先胜了他。袁绍遇事多谋寡断，常常错过时机；而您处理大事多谋善断，这从谋略上就胜过他了。袁绍治军不严；您则治军严明，赏罚分明，这在军事上就胜过了他。袁绍只图虚名，繁文缛节；您则以诚心和仁义待人，自己严谨俭朴，赏赐有功之人毫不吝惜，天下有才能的人都愿追随您，您在德行上又胜过了他。您有这四方面的优点，再用辅佐天子的名义去征讨，天下谁敢不从？袁绍再强，也没有什么用处。”

谋士郭嘉也对曹操分析形势，说“绍有十败，公有十胜。”

曹操觉得荀彧和郭嘉的分析有根有据，入木三分，顿时增强了战胜袁绍的信心。他又反过来对部下打气，说："吾知绍之为人，志大而智小，色厉而胆薄，忌刻而少威，兵多而分画不明，将骄而政令不一，土地虽广，粮食虽丰，适足以为吾奉也。"

双方在官渡相遇。袁绍的军队最初进攻曹操的根据地白马。曹操发现这一情况后，马上救援白马。

在中途的延津地区，曹操心生一计，命令一小部分兵力向左进攻，假装要渡黄河朝袁绍主力的后背发起攻击。这支作为诱饵的部队，很快引起了袁绍的注意，他以为这是曹操的主力，担心自己腹背受敌，便把大军分成两部分，亲自率领其中的一部分迎击渡河的部队。

看到袁绍中计，曹操马上命令部队撤回，骑兵则率先往白马方向疾行，其余部队朝袁绍军队两侧迂回。袁军以为曹操军队将包围自己，吓得狼狈逃窜，溃不成军。这时候，已降曹操的刘备部将关羽，又砍下了袁绍大将颜良的头，冲散了袁军的主阵地，这样，曹操就获得了白马之役的胜利，实现了初战告捷。

白马之役后，袁曹实力对比并未改观，占有绝对优势的袁绍仍继续不断地派兵进攻，在官渡地区挖地道、架云梯，发石攻击曹军，对曹军构成极大威胁。

两军在官渡对峙了近三个月，曹军的粮食越来越匮乏，难以为继。曹操因此而大伤脑筋，一度动摇，是荀彧数次给他写信，告诉他只要守住，时局一发生变化就会有转机的。否则，"必为所乘"，失去最大的一个机会。

这时候，袁绍的重要谋士许攸因为受到猜忌而转投曹操。受到曹操器重的许攸向他提供了袁军的许多重大情报：

"袁军有军粮一万余石，贮存在乌巢，看守部队不多，如果能奇袭该地，烧尽粮秣，则袁军在三天之内就将全部崩溃。"

曹操一听大喜，马上采用了这一釜底抽薪之计。

他将军中的精锐组成一支快速反应部队，共五千人，由自己亲自率领，前往乌巢劫营烧粮。这支奇兵手持袁军的旗帜，口衔竹筷，缚住马口，在深夜由小道出发，每人各抱一束柴草，遇到袁军巡逻兵盘问，就回答说："为防止曹军从背后劫粮，我们受命去加强防备。"

袁绍的巡逻兵没加过细的盘查，就轻易放他们过去了，终于酿成大祸。

到了乌巢后，曹操指挥手下将士将囤积粮秣的营地包围起来，同时放火烧粮。一时人喊马嘶，火光冲天，袁军的全部军粮化为灰烬，守卫士兵也死了千余人。

得知军粮被烧，低落的情绪从此在军中蔓延开来，袁军上下一片惊慌。

袁绍焦急万分，急于马上打败曹操，于是命令部队一次次出击。但士气低落的部队又如何能打胜仗呢？加之又有张郃、高览等许多大将投降，袁绍很快陷入被动挨打的局面。

曹操趁机发动全面攻击。在曹军的猛烈攻击下，袁军丢盔弃甲，四处奔逃。此役袁军共有七万多人被斩首，侥幸保住性命的袁绍、袁谭、袁尚父子再也没有力量与曹操抗衡了。

官渡之战的第二年，即建安六年（公元 201 年），曹操得知逃到北方的袁绍，又在古黄河渡口仓亭（今山东范县东北）聚兵。于是先发制人，派出大军突袭仓亭，一举又歼灭了袁军几万人马。袁绍带领残兵败将退往邺城，忧愤交加，口吐鲜血，到第二年五月便死去了。

以后曹操又采纳郭嘉隔岸观火之计，坐视袁氏兄弟内讧，然后借辽东公孙康之手诛杀了袁尚、袁谭，兵不血刃达到了目的。

曹操经官渡之战，奠定了自己政权的基础。可以说，曹操"挟天子以令诸侯"，为其子孙"灭天子统一天下"铺平了道路。

先求三分　再图一统

诸葛亮在我国是家喻户晓的人物，他的名字已经成为智慧的代名词了。

诸葛亮善于谋国，这是众所周知的，其实他也很善于谋身。当诸葛亮隐居隆中时，正值天下大乱，群雄混战，各路诸侯都急需人才，但他安心耕读，不急于出山。

他以修身齐家、治国平天下为己任，认真研读史书，注意探讨历代兴衰治乱的原因和教训。对于春秋时帮齐桓公建立霸业的管仲和助燕国大败齐军的战国名将乐毅尤其佩服，并把自己比作管仲、乐毅一类人物，表现出远大的政治抱负。

诸葛亮虽然高卧隆中，吟唱《梁父吟》，并非不关心时事政治，恰恰相反，为了以后能投靠明主，一展平生才学，他密切关注当时的政治形势发展和各派势力之间斗争与消长，并与当时名士徐庶、司马徽等人纵谈古今得失。他在等待真正属于自己的机会。

这一天终于到了。建安十二年（公元207年），怀有雄心大志但屡遭挫败的刘备依附荆州牧刘表，在新野一带聚集兵马，寻访人才。

徐庶向他力荐诸葛亮。刘备说："请你和他一道来见我。"

徐庶说："诸葛亮满腹经纶，才智超群，胆识高深，非比等闲，不是召之即来的人物，还是将军您亲自去一趟为好。”于是刘备“三顾茅庐”，亲往隆中，恳请诸葛亮出山相辅。

刘备向诸葛亮倾诉了自己志在天下的抱负和打算，但处在乱世始终不得志，请诸葛亮指点迷津。

诸葛亮见刘备志向远大，又以诚待人，便向他谈了自己的看法，这就是历史上著名的《隆中对》（也叫《草庐对》）。

诸葛亮首先概述纷争大势，确立格局。他说：

“自董卓之乱以来，豪杰并起，州牧混战，跨州连郡者多得不可胜数。早先曹操远不如袁绍，但后来凭借谋略，终于战胜了袁绍，平定北方，挟制天子，号令诸侯，已拥有百万之众，兵多将广，粮饷充足，成为势力最强者，这是难以与他争锋的。”

“孙权继承父兄之业，占据江东，地势险要，民心归附，又有贤能之士辅佐，对它只能联合而不能相图。”

在分析了曹、孙两大势力后，诸葛亮又分析了荆州、益州两州的战略地位，帮刘备选定战略目标。他说：

“荆州北依汉水，南到南海，东连吴郡会稽，西通巴蜀，位于南北要冲，交通便利，是个用武之地，但它的主人刘表无力据守；益州地势险要，沃野千里，号称天府之国，当年高祖就依靠它成就了帝王之业。可是它的主人刘璋昏庸懦弱，北面又有张鲁，益州人多富裕，但刘璋不懂得体恤百姓，那里的智能之士都盼望能有一个明君。”

诸葛亮最后又替刘备分析，依据特点长处，提出战略规划。他说：

“将军是汉家帝室的后代，信义称于四海，广泛招揽英雄，思贤若渴。如果能占据荆、益两州，保护它的险要之处，西边和戎人保持和好，南面安抚好夷越人，外和孙权结为盟好，内则修明政教。一旦天下形势发生变化，任命一员上将率领荆州的军队去攻宛县、洛阳，将军自己带领益州的军队出到渭水流域，百姓哪个敢不用竹篮提着饭，用壶子装着酒来欢迎将军的队伍呢？果然能够做到这些，那么霸业就可以成功，汉室就可以兴盛了。”

这就是被后人认为“真万古之人不及也”的《隆中对》的全部内容。在这里，诸葛亮从无法与曹、孙单独抗衡的前提下，已确立了孙刘联合抗曹的战略格局，这一格局是刘备利用曹、吴矛盾，争取自身生存的关键所在。而诸葛亮选择荆州、益州作为刘备攻取的战略目标是在分析了当时的形势、地理、人物等各方面的因素之后做出的综合决策。以形势论，曹操和孙权所控制的中原和江南地区都是刘备无法与其争夺的。但荆、益二州是曹操、孙权尚未抢到手而相对空虚的。以地理论，荆州连接四方易于向外扩展，益州土地肥沃便于建立基业；若将荆、益二州连成一片，进可乘势相攻，退可据险自守，足以与曹操、孙权相抗衡。以人物论，荆州之主刘表徒有虚名，益州之主刘璋昏庸无能，汉中之主张鲁也难成气候，正是夺取基地的天赐良机。

诸葛亮提出的这个战略规划是要刘备在曹操占天时，孙权居地利的形势，充分发挥“人和”的长处，聚拢贤才，夺取荆益，内修民政，外结孙权，等待时机统一天下。

刘备听了诸葛亮鞭辟入理的分析，大为叹服，深感相见恨晚，请诸葛亮出山，并以如鱼得水表达自己对诸葛亮的敬重和难以分离。

有感于刘备的诚意，诸葛亮同意出山，从而开始了自己的政治生涯，时年仅二十七岁。

诸葛亮借尸还魂，将祸水东引，使孙权卷入战争，为刘备赢得了喘息的时机。赤壁之战后，三国鼎立的局面初步形成。

诸葛亮出山后遇到的第一个考验就是曹操亲率数十万大军南进，直扑刘备所在的荆州。此时刘表因病死去，幼子刘琮继位，他慑于曹军的声势，在大臣的挟制下，不战而降。

刘备在当阳长坂与曹操接战，不敌而退至夏口（今湖北武汉）。诸葛亮见情势紧急，挺身而出，请求去见驻在柴桑（今江西九江）的孙权，希望能得到他的帮助，以渡过难关。

诸葛亮对孙权说："海内大乱，孙将军在江东起兵，刘豫州（刘备）在江南收拾部众，意在与曹操一争高下。现在曹操消灭了北方各路劲敌，大多已归顺了他，又袭夺了荆州，威震四海。由于英雄无用武之地，所以刘豫州败逃至此，希望将军度量自己的实力来处理眼前的急事！如果能以吴、越士民与曹操对抗，那就应该早一天与他绝交；假如不能抵抗的话，为什么不按兵束甲，向他缴械投降呢？现在将军外面有归服曹操之名，而内心又有所不愿，犹豫不决，事急不断，恐怕大祸马上就要来临了。"

孙权说："如果真像你说的，刘豫州为什么不去投降曹操呢？"

诸葛亮答道："田横，只是齐国的一个壮士，他还知道守义不辱，以自杀来拒绝高祖的招降。何况刘豫州是王室的后裔，英才盖世，士民倾心归服他，就像水流到大海一样！如果抗曹不成而败，那是天意，但我们又怎会去做他的部下？"

几句话把孙权激起来了，他激愤地说道："我不能空有东吴广大的土地和十万之众，而受制于人。我的决心已下了。能够与我一并抵抗曹操的也只有刘豫州了，只是刘豫州刚被打败，又如何能抵抗曹操的大军呢？"

诸葛亮见激将法已取得成功，孙权不再战和不定，而是决心联合刘备抗曹。为了增强孙权必胜信心，打消他的顾虑，便向他详细分析了形势，他说：

"豫州军虽然在长坂失利，但归队战士和关羽水军精锐还有一万多人，刘琦（刘表长子，在江夏避祸）在江夏的部队也不下一万人。曹操的部队虽然众多，但经长途奔袭已经疲惫不堪。听说他追赶刘豫州，一天一夜轻骑跑了三百里，这就是所谓'强箭射到了很远后就穿不透薄薄的绢丝'，兵法是很忌怕这样的事。何况中原地方的人不习水战。再说，荆州民众依附曹操那也是迫于军队的压力，并非心服口服。现在将军如果真能命猛将统兵数万，与刘豫州协同作战，一定可以打败曹操。曹操失败后，一定北归。这样一来，荆州、吴地两处势力就强大起来，三足鼎立的局面形成了。”

这一席话说得孙权满心欢悦，顿时信心大增。又经过主战派大将鲁肃和周瑜、黄盖等人的反复陈述抗曹的有利条件和曹操的隐患，孙权终于下定决心，与刘备联手抵抗曹操。

于是历史上著名的赤壁之战发生了，孙刘联军以少胜多，打败了曹操。结果正如诸葛亮所预料的那样，曹操退走北方，从此不敢南犯，孙权巩固和扩大了地盘，刘备得到了荆州，终于有了安身之地，三国鼎立的局面基本形成。

为了实现隆中战略，诸葛亮数次北伐，但因实力相差太远，没有成功，最后病死五丈原军中，后人感慨说：“出师未捷身先死，长使英雄泪满襟。”康熙皇帝说，自古以来，人臣只有诸葛亮“鞠躬尽瘁，死而后已”。

三年后（建安十六年，公元 211 年）刘备率军攻取益州（治成都，今属四川），以实现跨有荆益的目的。刘备留诸葛亮与大将关羽、张飞、赵云镇守荆州。两年后，因入蜀事不顺，诸葛亮率张飞、赵云等大将沿江而进，留关羽独镇荆州。诸葛亮连克巴东（今四川奉节）、江州（今四川重庆）等地，直至成都城下与刘备会师。不久，益州牧刘璋献城投降，刘备取得益州，自任益州牧。至此，诸葛亮为刘备规划地占据荆、益二州的战略设想顺利实现。

建安二十四年（公元 219 年），诸葛亮又辅助刘备从曹操手中夺得汉中（治南郑，今陕西汉中东），刘备势力进一步扩大。两年后刘备称帝，任诸葛亮为丞相。

正当隆中战略一步步实现时，由于关羽没有“外结好孙权”，丢了荆州。刘备又急于报仇，举大军沿江东下，结果被吴军统帅陆逊火烧连营，打得大败。刘备也连气带病死在白帝城。

刘备去世后，长子刘禅继位，诸葛亮被封为武乡侯，执掌军国大事。

当时蜀军新败，国弱兵疲，刘备身亡，人心恐慌。而且外有魏吴虎视眈眈，内有南中（即今云、贵、川交界处）叛乱，正所谓“危急存亡之秋”。

诸葛亮面临危局，处置有方。他练士养民，不动干戈。对内采取抚安劝降的政策，希望和平解决南中叛乱，对外实行联吴抗魏的方针，遣使修复吴蜀联盟。蜀国的局势得到了稳定，国力逐渐有所回升。

蜀汉后主建兴三年（公元 225 年）春，诸葛亮决定南征平叛。他按照“南抚夷越”的战略，采取“攻心为上，攻城为下，心战为上，兵战为下”的方针，降伏了蛮族首领孟获，平定了南中地区，改善了民族关系。

随着吴蜀联盟的恢复，内部统一的加强，经济力量的发展，诸葛亮开始作北伐的准备。

建兴四年（公元 226 年）夏，魏帝曹丕死。这年秋天，孙权亲率大军围攻江夏，又派诸葛瑾出兵襄阳。而魏新城太守孟达也有叛魏归蜀之意。诸葛亮认为时机已到，向刘禅上《出师表》。于建兴五年（公元 227 年）春，亲率大军进驻汉中，相机北伐。

从建兴六年（公元 228 年）开始，到建兴十二年（公元 234 年），七年中诸葛亮共进行了五次北伐。此时的形势并非如《隆中对》中所拟的那样，由于荆州丢失，战略上少了一个进攻点，加上魏蜀实力强弱悬殊，北伐终于未能成功，诸葛亮也因积劳成疾，病逝于五丈原军中，这真是“出师未捷身先死，长使英雄泪满襟”。

《三国志》作者陈寿称赞诸葛亮是政治运作的良才，可与管仲、萧何相媲美，这绝非虚誉。刘备在见到诸葛亮以前，四处奔波，谋求发展，但始终没有一块地盘，站不住脚。自从诸葛亮隆中献策并亲身出山辅助刘备后，刘备的事业蒸蒸日上，连取荆、益二州，建立蜀汉政权。可以说，没有诸葛亮，就没有蜀汉政权，天下更不会出现刘备与曹操、孙权三分天下的局面。

以逸待劳　后发制人

后发制人是与先发制人相反的一种应变策略。这种策略运用时，往往是先让对方动手，自己主动退让一下，然后再反击，以制服对手。由于后发制人是在对手已经有了动作，并且或多或少对自己构成威胁时的应变，因此它要求谋略的运用者具有较好的心理承受力和敏锐的洞察力，能够在对手咄咄逼人的攻势面前发现对手的弱点，抓住对手的弱点，然后予以迎头痛击，一举奠定胜局。

后发制人在军事斗争中被广泛运用。《荀子·议兵》就曾说："后之发，先之至，此用兵之要术也。"毛泽东在《中国革命战争的战略问题》一文中写道："……秦晋淝水之战等等有名的大战，都是双方强弱不同，弱者先让一步，后发制人，因而战胜的。"

中国历史上后发制人以弱胜强的谋略不乏其例，其中尤以陆逊火烧连营击败刘备最为著名，虽然经《三国演义》的作者大肆渲染，但陆逊抗击刘备之战确实打得有声有色。

吴蜀本来互相结盟，以攻曹魏，赤壁之战是他们联手作战的杰作。两国之所以交恶乃是由于吴国偷袭荆州。

陆逊号称儒生，实际心存韬略，偷袭荆州就是他的计策。荆州之役后，陆逊成为继周瑜、鲁肃、吕蒙之后的新一代军事统帅。

荆州是魏、蜀、吴三方面争夺的焦点地区。赤壁战后，刘备至吴见孙权，求借荆州为屯兵之地。周瑜上书孙权，主张将刘备留在东吴，以便挟持，不可借与荆州，说“恐蛟龙得云雨，终非池中物也。”吕范等大臣也赞同扣留刘备。唯有鲁肃对孙权说：“不可，将军虽神武命世，然曹公威力实重，初临荆州，恩信未恰，宜以借备，使抚安之。多操之敌，而自为树党，计之上也。”孙权权衡了利害关系，听从了鲁肃的主张，将荆州南郡借与刘备，从而形成了孙、刘联盟。

此后鲁肃屯兵陆口，与蜀荆州守将关羽驻地相邻。关羽骄横，双方交界处常有纠纷。鲁肃总以宽厚的态度好言相抚，妥善处理。在孙权派吕蒙攻取荆州三郡后，鲁肃到益阳（今湖南益阳）与前来争夺三郡的关羽相拒。鲁肃仍邀请关羽相会，以求协商解决争端，避免吴蜀联盟破裂。后来双方达成了以湘水为界，平分荆州的盟约。

刘备取得益州后即开始实行《隆中对》所制定的“荆、益两路出击，兵进中原”的战略计划。所以刘备出益州争汉中，关羽则离南郡攻襄樊。

关羽对东吴虽然态度傲慢，却是“但务北进，未嫌于我”。此时曹操正欲迁都，以避关羽兵锋，东吴如能协助关羽夺取襄樊，支持刘备北进中原，纵然不能一时灭魏，但可乘势攻占屡争未得的淮南合肥地区。东吴以蜀为攻魏前驱，蜀胜，吴可乘机扩地，蜀败，吴也可退保江东。如吴、蜀合力，则三国局势的发展会另有他途。可见这是最佳战略选择。

然而东吴除鲁肃有此战略远见外，其余诸将大都不愿联刘抗曹。鲁肃死后，他的继任者吕蒙即率先密陈主张夺回荆州的计策。吕蒙还在孙权与他讨论是否攻打曹操的徐州时说，徐州地势通阔，易攻难守，不如取荆州，“全据长江，形势益张。”陆逊与吕蒙见解相同，也是力主取荆州而自守江东，不愿联西蜀而进争中原。

陆逊号称儒生，实际心存韬略。建安二十四年（公元 219 年），蜀国荆州主将关羽率军北攻曹魏襄樊。东吴驻守陆口的大将吕蒙欲乘机夺取荆州。他称病回建业（今江苏南京）时，陆逊对他说："关羽一向以武勇自豪，不把别人放在眼里，有了大功就傲慢无礼。从他对我们丝毫不具有戒心，只顾专心北进，就可以看出他的个性。如果他听说您生病了，一定会更不把我们放在心上，现在我们就去突击，一定会抓获关羽。我希望您去见主公时，好好跟他谈谈。"吕蒙因事关机密，并未对他表态。

但在晋见孙权时，吕蒙大力推荐陆逊，说："陆逊思虑深远，才气足当大任，他的智谋完全可以接任陆口主将一职。而且他现在还默默无名，关羽对他还没有戒心，如果用他，不管对内对外都有好处，我相信没有任何人比他更合适的了。如果用他，应当让他表面上隐藏真实意图，暗中察看有利形势，这样才能打败项羽。"于是孙权任命陆逊为偏将军兼右部都督，代替吕蒙，进驻陆口。

陆逊到了陆口，就写信给关羽说："以前，您对敌人明察秋毫，根据兵法原则，乘机进攻，轻易地取得了胜利，您的功劳是多么伟大啊！敌国被打败，对盟国也有好处，听到您胜利的喜讯，我非常高兴。"在对关羽进行一番赞颂之后，陆逊又自我谦虚了一番，说："最近，我这个没有才能的人，接受任命来到这里。我非常仰慕您的风采，希望得到您的善待和教诲。"

关羽看了这些信后，见陆逊恭敬自谦，心中大安，对东吴更不提防，将荆州之兵征调前线，这样便给了东吴乘虚袭取的机会。

陆逊认为时机已经成熟，便将荆州情形和夺取办法上报孙权。孙权马上亲统大军秘密西上。命吕蒙与陆逊为前部，分为两路袭取荆州。吕蒙白衣渡江占领公安、南郡。陆逊则领兵进入宜都，又遣将乘胜直下房陵、南乡、秭归等地，前后斩获招降数万蜀军，连蜀国大将关羽也被擒杀。

陆逊在荆州之役中崭露头角，被孙权升为右护军，镇西将军进封娄侯，成为继周瑜、鲁肃、吕蒙之后的新一代军事统帅。

陆逊是袭取荆州的主谋，是他挑起了吴蜀战争，现在由他领兵抵抗刘备的进攻，可说是“解铃还须系铃人”。败给陆逊，使一世枭雄刘备气病而死。

但袭取荆州也有战略上的弊端。吴蜀相争是曹操最欢迎的事情，所以当关羽北进时，曹操先是遣使劝说孙权偷袭荆州，后又将孙权答应夹击关羽的密信告知关羽。在关羽撤退时还下令不准追击，以坐观吴蜀相争。因此，袭取荆州固然为吴国争得了一个有利的战略门户，但也失掉了吴蜀联合、北进中原的战略良机，并导致了后来吴蜀之间的夷陵大战。

公元 221 年七月，蜀主刘备为夺回荆州，报关羽被杀之仇，亲率五六万大军东征伐吴。

孙权面对势如破竹攻入吴国国土的刘备军队相当震惊，遂起用四十二岁的陆逊为总司令，全权指挥对蜀国军队的作战。陆逊是袭取荆州的主谋，是他挑起了吴蜀战争，现在由他领兵出战真可谓“解铃还须系铃人”。

但是，刚开始时，有些将军因为是孙策手下的老将，如韩当、周泰、徐盛、丁奉等，这些人战功卓著，声望很高，难于驾驭。有些皇亲国戚也骄傲自负，看不起陆逊，认为他只不过是一介书生而已，不服从调遣。为了树立陆逊的权威，孙权给了他尚方宝剑，“如有不听号令者，先斩后奏”。陆逊手持尚方宝剑，对诸将说：

“刘备是天下枭雄，连曹操都惧怕他。现在他率十万人马侵入我国，这是一个强大的对手。各位身受国恩，理应团结一心，共同对敌，上报国恩。我虽然是一介书生，但既然主上已命令我担负如此重任，就要忍辱负重，尽力做好。我希望每个人都做好自己的事，军中有军令军法，请不要违抗。”

这样，陆逊便掌握了节制东吴六郡八十一州兼荆楚诸路兵马的权力。

当时吴蜀界境位于巫县（今四川巫山）一带，而到孙逊领军拒敌时，刘备大军已攻至猇亭（今湖北宜都北）、夷道（宜都）。蜀军在夷陵（即西陵，今湖北宜昌东南）、猇亭间依山据险，扎下连营与吴军对峙。蜀军前锋还在夷道将吴将孙桓围住。

刘备急于进兵，命将军吴班率数千人在平地立营挑战。吴军诸将都要迎敌交战，陆逊认为其中有诈，不许出战。不久，蜀军果有伏兵从山谷中撤出。

陆逊命吴军谨守防地，相持不战，因为他知道刘备长途远袭，利在速战，如果出兵与对手决战，则正合刘备心意。而不与刘备接战，便使敌人产生焦躁的情绪，加上疲劳，容易犯错误，吴军可以获得以逸待劳的效果。

但诸将不满陆逊，认为他胆小，对他不派兵解夷陵之围更视为畏敌之举。然而陆逊丝毫不为所动，他说，“只待我计展”，夷陵之围不救自解。他知道对阵拖的时间越长，对远征军越不利。针对将士的责难，他上书孙权说：

“夷陵是军事上的要害地区，虽然容易取得，但也容易丢失，一旦丢失，我们就不仅要损失一个郡，就是荆州也要让人担忧了。现在我们争夺这个地方必须成功，不可放弃。刘备远离本土，深入险要之地，而且他过去指挥打仗，也是胜少负多，不足为虑。蜀军起初水陆并进，还有些威势。如今舍船登岸，结营扎寨，观察其布置，又没什么变化。因此破敌不难。主公可以高枕无忧。”

陆逊如此具有信心，是因为他已看到了刘备作战布阵的致命弱点，一直坚持不主动进攻，这样，双方就进入胶着状态，并持续了半年。

半年之后，陆逊认为时机已趋成熟，下令准备与刘备决战。吴军诸将都说：“起初就应当与刘备交战，现蜀军已深入五六百里，相持半年，要害险地都加以固守，再行攻击必定不利。”

陆逊解释道：“刘备是狡猾之徒，经历过许多事情，他的部队开始集结时，考虑周密，用心专一，所以不能轻易地进攻。现在呢，他军队疲惫，士气低落，也没有了新的计策。首尾夹击，围歼敌人，就在今天。”

但将领们都反对，陆逊不为所动，先派兵试攻蜀军一营，失利而归。诸将都不相信陆逊的这一套，陆逊却说："我已有了破敌之策。"

这次，陆逊命令士兵每人用一根茅草点上火，以火攻的方式突击，终于突破了蜀军的前线。

于是，战局发生了根本性的转折。蜀军无心恋战，陆逊就命令吴军全线出击，发动总攻，一口气席卷了蜀军四十多座营地。刘备逃到马鞍山准备重新布阵，但因招架不住四方的猛烈攻击，好不容易借夜色的掩护才逃入了白帝城。

这次失败给刘备非常大的打击，刘备觉得屈辱至极，抖着身子说："我竟被陆逊打败了，这大概是天意吧。"

第二年，连气带病的刘备在白帝城去世。

当刘备败走白帝城时，吴国徐盛、潘璋、宋谦等将军纷纷向孙权上书，都说刘备一定可擒获，要求继续攻打刘备。孙权询问陆逊的意见，陆逊说："曹丕正集结大军，表面上借口帮助吴国攻打刘备，但实际上心怀叵测，请不要再攻打蜀军，以早撤军为宜。"

果然不出所料，魏军正从三个方向前来进攻吴国，前锋已到江陵。吴国因已有准备，而能从容应付。

夷陵之战中，陆逊用兵之妙，不亚于赤壁之战的周瑜，终于打败了用兵老到的刘备，正如《三国志》作者陈寿所说的："刘备天下称雄，一世所惮，陆逊春秋方壮，威名未著，摧而克之，罔不如志。"

夷陵之战后，孙权加拜陆逊为辅国将军，领荆州牧，改封江陵侯。孙权出巡，则由陆逊"董督军国"。

信以安之　阴以图之

出其不意、攻其不备，是战胜敌人的一条重要军事原则。但这条原则运用起来却很不容易。因为在进攻敌人之前，必须集结兵力，修筑道路，运送粮饷，这么大规模的行动又如何瞒过敌人？（何况己方还可能有内奸、卧底）这就需要和军事行动相配合，伐谋伐交，也就是运用政治谋略和外交谋略，麻痹敌人，使敌人产生错觉，放松警惕。然后选择时机，突然出兵，一举破敌。

隋开皇元年（公元 581 年），北周外戚杨坚废掉周静帝，自立为帝，建立隋朝，史称隋文帝。隋文帝很久就有统一中国的理想，但即位之初，内部立足未稳。北面的劲敌突厥不断派兵进犯，西北的吐谷浑也不断骚扰。为了巩固内部，专力对付突厥，隋文帝对江南的陈朝采取竭力拉拢、表示友好的姿态。

开皇三年（公元 583 年），励精图治的陈宣帝去世，后主陈叔宝继位。陈叔宝是我国历史上有名的昏君，整天和张丽华等妃嫔游玩，大唱《玉树后庭花》，任用的大臣也多是贪赃无能之辈。这样就给了隋文帝渡江灭陈的历史契机。

但是，自东晋南渡建康以来，南朝已历三百年之久，根深蒂固，要想立即出兵，一口把陈国吞掉，也非易事。于是，隋文帝在解决了突厥问题并巩固了政权之后，就专门思考灭陈大计，多次与大臣们商讨。

有一次，隋文帝和内史令李德林讨论“伐陈之计”，当李德林说到精彩之处时，隋文帝高兴地用马鞭指着南方说：“等到平陈之后，我一定厚厚的赏赐你，给你穿上用珍珠玛瑙做的七宝衣，使你成为山东首富！”

但是，具体制定灭陈方略并付诸实施的是大臣高颎。

高颎是渤海郡蓨县（今河北景县）人，自幼“明敏，有器局，略涉书史，尤善辞令”。时任北周宰相的杨坚见高颎颇有才华，又知兵事，便请他入府。高颎从此成为杨坚的心腹。杨坚称帝后，担任尚书左仆射，后又兼左领军大将军。

当隋文帝杨坚向他征求灭陈的策略时，高颎说：

“江北地寒，收获较迟；江南天热，水田早熟。待江南收割季节，便扬言要集中兵马为前往掩袭。陈军必屯兵御守，这样就可耽误其农时。陈既集中兵马，我便解散军队，如此反复几次，他们就习以为常。以后我们再集中兵力，他们就不相信我们是要出征了。当敌犹豫不决之际，我们立即渡江登陆作战，士气必定倍增。另外，江南土质薄，做房子多用竹茅，所有储积，都不是储存地窖，而是放在茅竹房。我们可以秘密派人前去，因风放火，予以烧毁；如他们再修建，则再放火烧毁。这样不要几年，可使他们财力枯竭。”

高颎的这一建议，既继承了伍子胥所使用的“亟（屡）肆以罢（疲）之，多方以误之，既罢而后，以三军继之”的谋略思想，又吸收了孙武所主张的“火攻”敌人粮草辎重等战法的精神，而且有新发展。他企图用“示形”及破坏等手段，从精神及物质两个方面削弱敌人的战争潜力，为进一步渡江灭陈、统一全国奠定坚实的基础，同时也为发动进攻时实施突然袭击创造有利的条件。

杨坚采纳了高颎的策略，一切都像高颎所预料的，不到数年，陈国的经济日趋困乏，军队士气日渐衰落，守江部队的警惕性完全丧失。

高颎还向杨坚推荐杨素、贺若弼、韩擒虎等人，并说：“朝臣之内，文武才干，无若贺若弼者。”杨坚便以贺若弼为吴州总管，镇广陵（今江苏扬州）；以韩擒虎为庐州总管，镇庐江（安徽庐江西南），做灭陈准备。

“为了迷惑敌人，隋军到达长江北岸后，并不急于渡江。贺若弼一军屯于广陵对岸（镇江），用北方带来的老马，换取当地船只，都藏在小港汊内，而把数十艘破船，摆在江边。陈朝的谍报人员把隋军只有几十艘破船的消息报告陈叔宝，引得陈朝上下一片讥笑声，更加不以为虑。

贺若弼为了进一步迷惑陈军，不断进行军事演习，把军队调来调去，有时还出动人马，打猎游乐。南岸的陈朝守军先以为隋军将要进攻，立即全副武装，准备迎敌。后来看到隋军不过是演习射猎，也就懈怠下来。等到隋军再调动时，便不以为意，不再戒备了。

为了麻痹陈后主，隋文帝杨坚在积极筹划灭陈大计时，对陈朝表示友好，他甚至甜言蜜语，卑辞厚礼地向陈后主表示恭顺。就连写给陈朝的信函上，也自称杨坚，末尾落款是“杨坚顿首再拜”。凡是抓到陈朝的间谍，都好言相慰，给他衣服马匹路费，把他们送回陈朝。

一次，出使陈朝的大臣薛道衡行前向隋文帝请示机宜。隋文帝交代他：“见到陈主，只许顺着他讲话，不许顶撞。即使他信口雌黄，你也要点头称是。”文帝解释说：“今天不过要你送给陈叔宝一些甜言蜜语，明天我们将要取回整个陈国。”

陈后主被隋文帝友好的言辞和退让的态度迷惑了，完全丧失了应有的警惕，整天过着花天酒地的生活。

史载陈后主于光照殿前兴建临春、结绮、望仙三阁，阁各高数丈，并有各种各样建筑数十间，窗牖、壁带、悬楣、栏槛都用沉檀香木制作，又用金玉装饰，间以珠翠，门边挂以珠帘，房内有宝床、宝帐，服玩之类也瑰奇珍丽，为近古所未有。每当微风轻拂，香闻数里，晓日初照，光映后庭。后主住临春阁，张贵妃住结绮阁，龚、孔二贵嫔住望仙阁，三阁之间都有甬道交相往来。

陈后主怠于政事，百官奏事，都由宦官蔡脱儿、李善度进请，后主抱张贵妃坐在膝上共同决断。张贵妃不仅漂亮，而且有才辩，强于记忆。李、蔡侍奉时不能记的，贵妃便为之改正，毫无遗漏。于是张贵妃得到后主的宠爱，冠绝后庭。后宫家人，违法乱纪，便向贵妃哀求，贵妃则使李、蔡先向后主启奏，然后再为之说情。大臣中有不服从的，也向后主进谗言，后主一一照办。

后主又宠幸佞臣孔范、王瑳等人，孔范任宰辅江总、都官尚书，王瑳任教骑常侍，这些人位高权重，但根本不懂治国用兵，只知陪着后主游宴后庭，被称为狎客。这些狎客往往自吹以取宠，如孔范自称有文武全才，曾对后主说："外间诸将起自行伍，只不过有勇，他们哪有深谋远虑！"后主听信他的话，将帅们稍有过失，就夺其兵权，由文官代理。

当时掌握机密的施文庆、沈客卿也是奸佞小人，外面进呈的表奏凡是讲好话的就转呈后主，而提出建议，反映前线军情的就压而不奏，使陈后主始终得不到前线的实情。

由于重用了这些奸佞小人，陈朝的朝政日益腐败。赏罚无常，贿赂公行，纲纪紊乱，只差外力来将它打倒了。

强大的隋军分八路水陆并进，毫无防备的陈军在睡梦中做了俘虏。

在内外条件都成熟后，开皇八年（公元 588 年），隋文帝杨坚下达了灭陈命令。杨坚命晋王杨广、秦王杨俊、清河公杨素并为行军元帅，以杨广为主帅，高颎为元帅府长史，起兵伐陈。共分八路出征：晋王杨广出六合，秦王杨俊出襄阳，清河公杨素出信州，荆州刺史刘仁恩出江陵，宜阳公王世积出蕲春，新义公韩擒虎出庐江，襄邑公贺若弼出吴州，落丛公燕荣出东海，共有兵马五十余万。东接沧海，西拒巴、蜀，旌旗战船，绵延数千里。

杨素、贺若弼、韩擒虎三路大军都打得极为出色。

杨素率巴蜀水师自信州顺流东下，渡过三峡。当他率军到流头滩（今湖北宜昌西）时，陈将戚欣以青龙战舰百余艘、数千兵士，扼守狼尾滩，以遏止隋军。因地势极为险恶，隋朝将领都十分恐惧。但杨素不为所惧，对大家说："胜败在此一举。如白天进军，敌人容易看清我军动向，而且滩流迅激，难于作战，对我进攻不利。不如改在夜间袭击，攻其不备。"

于是杨素在晚上亲率数千艘黄龙船偷渡，另派部将王长袭率步兵从南岸进击，又命大将军刘仁恩率骑兵从北岸夹击。

毫无戒备的陈军遭到这一突然袭击，没进行什么抵抗就大败而逃。杨素军俘虏甚多，但安抚一番后都予以释放了，加上军纪很好，所经过的地方秋毫不犯，得到阵地老百姓的拥护。

杨素便率水军东下。陈军扼守歧亭，在北岸开凿岩石，拴上三条铁锁，试图阻止隋军战船的前进。但杨素指挥所部下船登岸击败陈军，砸毁铁锁。陈军吓得魂飞魄散，望风而降。

贺若弼将渡江时间选择在正月初一。这天，长江沿岸大雾迷漫，对面不见人影。隋军各路大军乘机横渡长江。西路韩擒虎横江渡过长江时，天还未明，此时陈国守军酒醉未醒，隋军不发一弓一矢，就占领了江防要塞采石。东路贺若弼渡江时，尽管人喊马嘶，一片喧哗，但陈军也以为是平日的军事调动，仍然喝酒行乐，不加戒备，隋军未遇抵抗就占领了京口。

当隋军渡江的告急文书送到京城时，昏庸的陈后主毫不在乎，并说："王气在此。昔日北齐兵三次南下，北周师再来，无不摧败，这次又能怎么样？"

下面一批佞臣，也跟着起哄。孔范说："自古长江天险，隔断南北，今日隋军哪能飞渡？边将想立功劳，便妄自告急。臣常忧自己的官太小，如隋军敢渡江，臣就要升为太尉了！"意思说，隋军来犯，他就可立大功，担任最高的武官。

另一大臣插言：“听说隋虏的马匹，没见过长江，一到江边就吓死了。北军无马，怎能打仗？”孔范又说：“哎呀，陛下，这都是北虏为

死了也太可惜！”一席话说得满朝文武都哈哈大笑。

陈后主听了深以为然，当即下诏：“犬羊陵纵，侵我郊畿；

时扫定，朕当亲御六师，廓清八表！”仍然口气骄横，没把隋军

陈朝君臣的自吹自擂和口发狂言无法抵挡韩擒虎、贺若弼军

军。当隋军兵临城下时，陈后主才真的慌了，日夜哭泣，不知如

实际上，当时隋军渡江到建康附近的仅一万余人，而建康城

人马，且有猛将萧摩诃、陈广达等人，但陈后主不知如何调度。

京口时，萧摩诃请求带兵迎击，后主不同意。贺若弼军到钟山时

进言说：“贺若弼孤军深入，堡垒不坚，出兵掩袭，可以获胜。”

意，坚持死守京城的错误战略。

当隋军逼近时，后主才召集众将议事。大将任忠说：“兵法

战，主贵持重。现在国家兵精粮足，宜固守城池，沿河立寨栅。

与交战；派兵断其水上联系，使敌人互不通消息。请拨给臣精兵

三百艘，下江掩袭六合，敌大军必以为其渡江将士已被俘获，可

淮南士人与臣是旧相知，见了臣去一定响应。臣再扬言前往徐州

路，隋军一定惊恐退兵。等到三四月江水一涨，上游周罗睺等也

到时会攻建康城下，隋军必破。”

这本来是个好建议，但后主不听。第二天开会时，后主说：“

定，叫人心烦，可叫萧摩诃率军出战。”

任忠叩头苦请勿战，但孔范又放狂言：“请决一战，当为勒石燕然。”“勒石燕然”是指东汉时窦宪大败匈奴追到燕然山，在那里刻碑以记其功。孔范不顾国家危亡，说大话为后主帮腔，以谄媚后主。

于是，陈军出战，摆出一字长蛇阵。陈广达布阵于白土冈，在诸军之南，任忠次之，樊毅、孔范又次之，萧摩诃在北，诸军南北绵延二十里，首尾进退不能相顾。

贺若弼轻骑登山，观察陈军阵势后，率领八千人马勒严阵以待。陈广达力战，击退了隋军，当贺若弼转攻孔范军时，孔范一触即溃，贺若弼乘胜追击，杀死五千人。但双方力量对比并未发生变化，正在隋军为难之时，陈军内部自相争斗起来。原来陈后主下令：杀得隋军，以人头来献者，予重赏。于是军中争夺人头，奔走至陈后主处求赏，以至自相残杀，倒把和隋军作战给忘了。贺若弼抓住时机，击鼓进攻，陈军溃败，如摧枯拉朽。隋军攻入建康。

与此同时，从西路渡江的韩擒虎借东路隋军牵制了敌人大部兵力的有利时机，一路扫荡，也攻入建康，俘虏了陈后主。当时陈后主和宠妃张丽华、孔贵嫔躲在一口井中。

隋军从正月初一渡江，到占领建康，俘虏陈后主，前后不过八天。隋军未折一将，兵士死亡也才数百人，就灭了陈朝，结束了南北对峙局面，统一了中国。

隋军之所以轻易取胜，根本原因在于隋文帝顺应了全国上下要求统一的愿望。但是，在临敌之前，隋文帝善用“信而安之，阴以图之，中刚外柔”的谋略，麻痹对方，使其在思想上解除了武装，军事上放松了警惕，也是一个重要原因。

处变不惊　临难从容

先发制人语出《史记·项羽本纪》:“先发制人，后则为人所制。”意思是说，先发起进攻的一方能争取主动权，控制对方；而当对方攻击之后才被动地应付，就会受到对方的控制。所以,《兵经百字》把“先”列为第一，认为“兵有先天，有先机，有先手，有先声。先为最，先天之用尤为最，能用先者，能运全经矣。”我国民间也有“先下手为强，后下手遭殃”的说法。这即是说，在对手没有准备好的时候，首先下手，可以争取主动权。

在中国古代政治斗争中，运用先发制人最典型的是秦王李世民发动的玄武门之变。

唐王朝的开国皇帝高祖李渊共有二十二个儿子，前四个依次是李建成、李世民、李玄霸、李元吉，皆为一母（正室窦氏）所生。除李玄霸因早夭外，其余三位在李渊创建大唐基业过程中都曾立下汗马功劳，尤以李世民功劳最大。

李世民出生时，相貌不凡，一个会看相的读书人说他有龙凤之姿，因此李渊以“济世安民”之意，给他取了这个名字。

李世民年轻时便表现出了他过人的智慧和勇气。史称他“聪明勇决，识量过人”。李渊也特别嘱意于他，到晋阳任太原留守时，便把他带在身边，而将建成、元吉留在河东府老家。晋阳令刘文静很看重李世民，曾经对晋阳宫监裴寂说："此非常人也，豁达类汉高（刘邦），神武同魏祖（曹操），年虽少，命世才也。"

大业十二年（公元616年），炀帝游江都，因中原已乱，不敢北归。这年，李世民十八岁，就以非常的军事天才，当了父亲的参谋长。他见天下大乱，烽火四起，便暗结志士，徐图起事。

从大业末年，杨玄感之乱开始，反隋起义此起彼伏，称王称帝者，多达一百二十余人，大者跨州连郡，小者千百为群。

于是，李世民也积极劝说父亲起兵，还托父亲的旧友裴寂，一道进言。可是李渊生性谨慎，一再犹豫，难以决定。

这时，正好北方的突厥袭击马邑（今山西朔县），李渊的部下副留守高君雅和马邑太守王仁恭，出战失利，李渊很担心被牵连处罚，一直忧惧不安。李世民趁这个机会，又向父亲建议：

"炀帝暴虐无道，百姓困苦不堪，晋阳城外，一片混乱，各地都成了战场，如此昏君，实不值得父亲为他尽忠；父亲若是谨守小节，一旦乱兵攻来，恐怕身家难保，而且平乱无功，亦将获罪。为长远计，倒不如应时顺势，兴义兵，收民心，愿父亲把握良机，转祸为福。"

这话说得李渊有些心动，但还是难下决断。正在举棋未定时，忽然炀帝从江都派来一名专使，以李渊防守不力，未能平定乱局为罪名，要押他到江都治罪。这下子逼得李渊不得不反了，他叹口气，对世民说：

"好吧，今后家破人亡在你，化家为国也在你了。"

当时，刘武周在中原作乱，李渊即以讨刘武周为名，四处募兵，不久就达万人。接着李渊父子找了个借口，杀掉炀帝安置在李渊身边监督的高君雅和王威；然后又与突厥结好，利用突厥的兵力以壮声势。

于是，李渊留元吉守太原，与建成、世民率领三万人，直取关中。一路上军纪严明，所过城邑均秋毫无犯，因此民心归服，将士效命。世民所到之处，吏民归之如潮，如房玄龄与世民一见如故，从此追随在身边，运筹帷幄，参与军机大事。

李渊的势力也越来越大，从最初的三万人，一直发展到二十余万。

途中，进军河东霍邑的时候，军队曾经受阻，粮秣将尽，士气低落，偏偏遇上大雨，黄河难渡。这时又听说刘武周借得突厥兵，准备攻打太原，裴寂沉不住气了，认为前有宋老生驻霍邑，后有老巢被端可能，哭丧着脸请求李渊归师，左右人也赞成，李渊也摇摆不定，有北还之心。世民虽然竭力劝止，但李渊已下令班师了。

入夜，李渊已经睡了，世民跪在帐外，号啕大哭，李渊召他进来，世民伤心道："今义师已举，进则走敌，退则会陷入危险的境地，大王甘心功亏一篑吗？儿一想到我方撤军，在敌人的追杀下，走投无路，就忍不住痛心！"

李渊听了，沉默一会后，说："随你去办吧，此事全由你一力主张，事之成败都看你了。"结果霍邑一战，大败隋军，俘宋老生及所部数万人。

霍邑之战，是李渊成败的关键之战。如稍一迟疑，将失去乘虚战机。这次的胜利，既补充了军力，又振奋了军心，也大挫了隋军士气，为以后的胜利奠定了基础。后人评论说："霍邑之战，唐事几败而成，太宗由此始定霸业。"

唐王朝建立后，李世民便以军事统帅的身份，指挥唐军主力，担负统一中原的主要作战任务，致力于消灭各路割据势力。

霍邑获胜后，李渊部队乘势直下临汾、绛郡（今山西新降）、龙门（今山西河津），包围了河东。由于屈突通据城固守，久攻不下。李世民认为"兵贵神速"，应乘虚从速入关，不能久顿坚城，徒耗日月。李渊听从其计，率主力西渡黄河，命李世民经略渭北。

李世民军到之处，隋军皆降，又收编当地农民起义部队，不久就号称

"胜兵九万"，屯于洛阳，与李建成军东西相对，对长安形成钳形合围。

大业十三年（公元617年），李渊进入长安，立年仅十三岁的代王为恭帝，李渊则总揽朝中大权。不久，炀帝在江都为宇文化及所杀，恭帝自知不保，于是"禅位"给李渊，李渊即皇帝位，是为唐高祖。高祖以建成为太子，世民为秦王、尚书令、右翊卫大将军。

在创建唐王朝的战争中，李世民虽立有大功，但仍位为部将，在李渊直接领导下执行作战任务。唐王朝建立之后，天子不便亲征，太子建成也需在京城襄理军国政事。李世民便以军事统帅的身份，指挥唐军主力，担负统一中原的主要作战任务，致力于消灭各路割据势力。

首先是消灭薛举、薛仁杲集团。

当时薛举、薛仁杲父子位于陇右，对长安威胁最大，因而需要首先加以平服，才可免除后顾之忧。

扶风一战，李世民虽打得薛仁杲损兵折将，丢盔弃甲，但由于轻敌，在浅水原一带被薛仁杲打败，李世民得了疟疾回长安休整。

也是天意，薛举突然病死，仁杲与诸将不和，李世民乘机进军，采用以逸待劳、后发制人的作战方针，相持六十余日，终于打败薛仁杲，迫使其投降。

接着是讨平刘武周和宋金刚。

刘武周趁唐高祖定关中，讨平薛氏父子之际，派勇将宋金刚进袭太原。

高祖闻讯，派人赶去援救元吉，可是，诸将都挡不住勇猛的宋金刚，元吉兵败逃往长安，不仅太原丢失，整个山西都归敌手了，于是李世民亲自率兵讨伐。

时值隆冬，世民的军队从冰上过了黄河，在柏壁与宋金刚主力僵持不下。李世民知道宋金刚孤军深入，利在速战，所以坚壁不战。双方相持三个多月后，宋金刚粮尽向北撤退，世民趁其饥饿疲乏，率军追击。世民身先士卒，一昼夜行军二百余里，将士无人退却，衔枚疾走。

追至雀儿谷，两军相遇，世民一天之间，八战八胜，俘斩敌数万人，当时李世民已经两天没吃饭，三天没解甲。杀得宋金刚与刘武周只带了少数轻骑逃走，后来二人在突厥被杀。山西旧地也全部平定。此战还使李世民收降了宋金刚的骁将尉迟敬德。

王世充、窦建德是李世民制服的第三个强劲对手。

当时王世充占据洛阳，建国大郑，虽然由于不得人心，众叛亲离，但仍然拥有步骑万余，不容轻视。

唐以李世民为统帅，诸军并进，前往征讨。

李世民率大军将洛阳团团围住，因洛阳防御工事固若金汤，世民虽昼夜不息攻了十多天，也未攻下来。将士已经无心再战，但李世民很顽强，下令道:“洛阳不破，绝不收兵，有敢言班师者斩。”

两军正相持不下，王世充派出去求援的人飞书传报，窦建德的军队正向洛阳进发。

当时窦建德占领了河北大部分地区，自称夏王。此人能与士民同甘共苦，因此颇得民心，势力愈来愈大，消灭宇文化及后，便逼近冀、晋、豫三角地带，已直接威胁到唐王朝。

王世充被困，派人求援于窦建德，建德便率十余万大军，泛舟运粮，水陆并进，前来解围。但虎牢关一战，窦建德被俘，后来斩首于长安。

王世充见大势已去，只好投降，被废为庶人，后来被仇家杀死。关东地区平定下来了。

接着李世民又消灭了刘黑闼，收降了杜伏威，讨平了辅公柘，征服了梁师都，实现了全国的统一。

李世民披坚执锐，所向无敌，建立唐王朝，他厥功至伟。由于长时间的征战，手下人才济济，关陇及两河南北之权豪与贤达皆为所用。他的秦王府也俨然成了可以和东宫相比的政治中心，这就引来了他兄长、已立为太子的建成的忌恨和警惕。

为了改变自己军功小的状况，建成采纳谋臣魏徵的建议，曾于武德五年（公元 622 年）十一月率兵东讨再度勾引突厥兵南犯中原的刘黑闼，将他斩首，扫平山东，恢复失地。出征前，魏徵就毫不隐讳地指出：此次率兵东讨，一方面可确立军功，深自封植，另一方面乘机结识山东豪杰，远扬自己的声名，以增加与秦王对抗的资本。

自此，双方的斗争达到了公开化和白热化的程度。

武德七年（公元 624 年），李建成准备借李渊率文武官员前往仁智宫（今陕西宜君县境内）之机，谋害世民。他派东宫郎将尔朱焕、校尉桥公山送信给杨文干，令其于庆州发动兵变，来个里应外合。

但尔朱焕、桥公山担心事败被诛，中途反悔，直奔仁智宫，面见李渊告密。李渊闻之大怒，斥责建成，对李世民说：杨文干造反，你应去亲征。回来后，让你当太子。

但不久，耳根子软的李渊在建成买通的大臣封德彝等人的劝说下，又改变主意，还是保留建成的太子之位。

当时李世民被封为秦王，元吉被封为齐王，各设王府，有兵有将。元吉也在暗中觊觎帝位，他对护卫官薛宝说："除掉了秦王，取东宫易如反掌。"由于两人均以兵多将广的李世民为对手，于是建成便以平分天下为条件与元吉达成合谋秦王的协定。

李元吉为人狠毒，他首先给李建成出主意，宴请李世民，趁机下毒。李世民饮了毒酒后，当夜腹中暴痛，吐血数升，险些丧命。从此，李世民便提高了警惕。

李建成也非徒有太子名号，他的身边也聚集了不少有勇有谋之人，以后成为李世民的"人镜"的魏徵就是得力干将。魏徵多次出主意要建成采取断然措施，夺李世民的兵权，但优柔寡断和不忍人之心，使他错过了一次又一次的机会。

与此同时，对父亲数次言而无信产生失望情绪的李世民却在加紧准备。他清醒地意识到在残酷无比的政治斗争中恻隐之心只能把自己送上断头台，而忠厚乃是无用的别名。他一方面拉拢太子府和齐王府的部将，一方面与众将策划举事时机。

武德九年（公元 626 年），突厥兵犯，元吉上奏请求带兵出征，且指名要秦王府的尉迟敬德、秦叔宝、程知节、段志玄等大将随军出征，秦王帐下精锐甲士，全部听齐王调遣。以便削弱秦王势力。李渊准其所奏。

事到临头，李世民当机立断。首先，他命令长孙无忌将房玄龄、杜如晦等从宫中召回王府协同议事；然后，授意朝臣傅奕上奏李渊："太白星出现在秦地的分野，预示秦王执掌天下。"最后，他亲自面见李渊，抛出早已掌握的一张王牌：揭发建成、元吉淫乱后宫的事实，促使李渊决定早朝时质询太子和齐王。

六月初四凌晨，李世民率长孙无忌、尉迟敬德、侯君集、张公瑾、刘师立、公孙武达、独孤彦云、杜君绰、郑仁泰、李孟尝等人伏于玄武门，等候建成和元吉。玄武门为宫城的北门，当时宫城有四门，依东、南、西、北方向依次为青龙、朱雀、白虎、玄武，玄武门为东宫到宫城的必经之门，即建成早朝的必经之地。事前李世民收买了守卫玄武门的禁军将领常何，全部换上了自己的心腹人马，只待建成入门即可下手。

应该说，李元吉的政治嗅觉比李建成敏感得多，他对李世民的一些举动有所警觉。建议李建成调宫府之兵自卫，托疾不朝，以观形势。但李建成过于自信，认为自己与元吉握有兵权，守门将领常何又是亲信，入朝没有问题。

但当建成和元吉走到临湖殿时，突然觉得情形不对，拨马回转时，李世民率众杀出。李世民大喊李建成和李元吉的名字，李元吉搭弓射向李世民，但三次均未射中。李世民则将李建成射死。此时，尉迟敬德率七十余名骑兵赶到，其身边将士射中李元吉。李元吉坠下马。而李世民的坐骑因受惊吓，载着李世民奔入玄武门旁边的树林。因被树枝挂住，李世民从马上坠地，一时难以起来。李元吉迅速来到李世民跟前，欲用弓将其勒死。幸亏尉迟恭策马赶到，制止了他。李元吉赶紧放开李世民，欲跑武德殿寻求李渊庇护，被尉迟敬德射杀。

不久，东宫卫士和齐王府精兵杀奔玄武门。但被城门守将常何挡在门外，很快又被李世民的援兵杀退。这些人转而围攻秦王府，尉迟敬德便提着建成和元吉的首级给他们看，并说太子、齐王作乱，秦王奉旨将他们杀了，现元凶已死，其余人等只要放下武器都可免死。于是，太子府和齐王府的那些将士们马上放下武器作鸟兽散了。

玄武门血战时，李渊正在宫中与大臣裴寂、萧瑀、宇文士及、颜师古等议事。见尉迟敬德按剑持矛走进大殿，众人大惊失色。待问明情况后，高祖便问大臣们如何处理，萧瑀等人进言道："秦王功盖天下，士庶归心，何不立为太子，释陛下之重负，安苍生之心愿！"李渊见事已至此，也就顺水推舟，召见李世民，册立其为太子。两个月后，李渊干脆又把皇位也让给了李世民，自己做起了悠闲自在的太上皇。

薄酒三杯　微言大义

封建社会里，开国皇帝为了家天下能传之万世，常常剪除功臣，在这方面表现得既激烈又彻底的是刘邦和朱元璋，而比较平和隐秘没有弄出流血事件的，当数宋太祖赵匡胤的杰作——“杯酒释兵权”。

要说清楚“杯酒释兵权”，不能不谈到陈桥驿兵变，因为宋太祖赵匡胤是靠发动陈桥驿兵变而登上皇帝宝座的。

后周显德六年（公元959年）夏，周世宗柴荣因病从征辽前线回到都城汴梁（今河南开封）。他自知身染重病，来日不多，为了防止死后出现权臣，他采取了一些善后措施，对最高一级军政人员进行了变更调动。

其中最重要的一项是，解除殿前都点检张永德的军职，改任他为宰相。殿前都点检是禁军的最高统帅，掌握着禁军中最精锐的部队。张永德是周太祖郭威的女婿，作战勇敢，处事果断。周世宗深感此人难以驾驭，自己一死，他对帝位的威胁最大。所以，周世宗在临死前，将张永德调离禁军，正是为了消除政变的隐患。接着，周世宗选择赵匡胤担任殿前都点检。

赵匡胤是涿州（今河北涿州市）人。他出身将门，青年从戎，曾在后汉枢密使郭威帐下当亲兵。当时天下扰攘，群雄角逐，有实力者即可登上皇帝宝座，正如安重荣所说：“天子，兵强马壮者为之，宁有种耶？”赵匡胤既有将门家学的渊源，又有勤学向上的性格，加以年轻时流浪生活的锻炼，与同时代中鲁莽少学，目光短浅的一般武人相比，确实胜过一筹。

赵匡胤后来参加了拥立郭蔚为后周皇帝的兵变，被郭威提升为东西班行首，开始跻身于禁军军官的行列。两年后调开封府马直军使，从此又成为皇子柴荣（时任开封府尹）的心腹部将。

柴荣即位后，赵匡胤也随之“复典禁兵”。从此，赵匡胤跟着周世宗柴荣征南唐，御契丹，抗北汉，屡立战功，忠心勤勉，很为周世宗所倚重。

对赵匡胤这个自己一手提拔起来的爱将，周世宗是十分放心的，觉得他决不会萌生异志。但有时候背叛自己的恰恰是自己最信任亲近的人。赵匡胤就是这样一个人。在周世宗死后仅仅半年，他就依靠禁军的力量，发动了政变，轻而易举地夺取了皇帝的宝座。

赵匡胤向宰相解释说：“我深受世宗厚恩，怎敢如此行事？只是为六军所逼迫，才弄到这一地步，真是愧对世宗皇帝！”

显德七年（公元 960 年）正月初一，文武百官按例上朝庆贺，年轻的符太后拥着七岁的小皇帝恭帝柴宗训，接受群臣叩拜，宫中一派节日气氛。

忽然有人来报，说契丹与北汉分兵南下，军情万分危急。小皇帝懵然无知，符太后也不知所措。宰相范质、王溥仓促之间不辨军情真伪，便命令赵匡胤率军北上御敌。

次日，副都点检慕容延钊率领前军先行出发。正月初三，赵匡胤率军出发，向北行进。令人奇怪的是，说是军情紧急，队伍却走得不急不慢，一天之中才走了四十里路。当天傍晚，部队便在陈桥驿（在今河南封丘县东南陈桥镇）驻扎下来。这天夜里，作为军中主将的赵匡胤竟然醉卧中军大帐，酣睡不醒。

大军孔营之后，将士们便纷纷议论说：“主上年幼，未能亲政，我们纵然拼上性命去浴血沙场，可谁会知道呢？不如先立点检为天子，然后再北征也不晚！”

有个军官当即把这一情况告诉给赵匡胤的弟弟赵光义。两人马上来到赵匡胤的心腹谋士赵普的住处商量对策。正当他们商议之时，一些将士忽然闯了进来。纷纷要求马上就立赵匡胤为天子。

见众情难违，赵普和赵光义就答应下来。赵普告诫大家说：“改朝换代，拥立异姓天子，虽说是上天有命，实则还在人心。人心向背，是成败的关键。只要诸位能严格管束部队，不许军士扰乱百姓，抢劫财物，使京城人心安稳，四方自然安定，诸位也可以长保富贵了。如果不然，京城一乱，不但外敌深入，各地也难免生变，事情就不好办了。”众将纷纷表示听从他的意见。

接着，赵普和赵光义一面让诸将回去控制部队，以防不测，同时派人秘密回汴梁，把他们即将行动的消息通知禁军将领王审琦和石守信。这两人手握兵权，又是赵匡胤的结义兄弟，有他们做内应，事情就好办了。

次日凌晨，赵匡胤的寝所周围响起一片欢呼声。赵普和赵光义急忙入内，赵光义还带了一袭黄袍。正在他们向赵匡胤汇报昨日之事时，门外的将领高喊：“诸将无主，愿策立点检为天子！”

仓促之间的赵匡胤不知如何是好，赵光义早把黄袍披在他的身上，门内外的将士也齐刷刷地跪下来，高呼“万岁！”

赵匡胤还在推辞，众将士不由分说，强行扶他上马，拥着照原路而回。

赵匡胤见事情难以挽回，于是揽住马缰，严肃地对将士们说：“你们贪图富贵，立我为天子。我有号令，你们能听从吗？听我的号令，我可以当这个天子；否则，断难从命！”

诸将一听，纷纷下马，齐声应道：“臣等一定听令，决不违背！”

赵匡胤说：“少帝和太后，和我为君臣关系，不得惊动他们；朝中公卿大臣，都是我比肩同列之人，也不能欺凌他们；近世帝王初入京城时，都纵兵抢掠，擅劫府库，我们不能这样做！服从命令的，有重赏；违背命令的，严惩不贷！”

众将士再次下拜，表示坚决服从命令。果然，部队返京途中，秩序井然，秋毫无犯，社会稳定，老百姓都感觉不到变化。

由于有石守信、王审琦等亲信作内应，赵匡胤不费吹灰之力，便进入汴京城内。他一面派人回府安慰家属，一面派部将潘美去见执政大臣，说明事情的原委和将士们的意见。宰相范质、王溥简直不敢相信自己的耳朵，一时惊慌失措。众将逼着他们来到赵匡胤面前，赵匡胤向他们解释说：“我深受世宗厚恩，怎敢如此行事？只是为六军所逼迫，才弄到这一地步，真是愧对世宗皇帝！请两位宰相教我，此事该如何处置？”

范质、王溥面面相觑，不知说什么。这时，军校罗彦环厉声喝道：“我们没有君主，今日愿奉点检为天子，看哪个敢不从命！”说着，便欲拔出剑来。

王溥被吓得面无血色，两腿一软，首先跪了下去。范质见此情景，也只得屈身叩头，行了君臣大礼。

接着，范质等人请赵匡胤到崇元殿举行禅位大礼。黄昏时候，一切准备就绪，文武百官齐集殿前。可是，最重要的文件——周恭帝的禅位诏书还没有，众人不免有些着急。

这时，只见翰林学士陶谷从袖中取出一纸，说：“诏书已到！”于是，就当这是正式诏书。赵匡胤接受周恭帝的禅位诏书，“名正言顺”地做了皇帝。

正月初五，赵匡胤正式定国号为宋。这是因为赵匡胤即位前曾任归德军节度使，而归德军治所在宋州（今河南商丘）的缘故。赵匡胤就是历史上的宋太祖。

赵匡胤即位后，在对拥立有功的人员重加赏赐的同时，为防止后周势力进行反抗，他将符太后和柴宗训迁往西宫，封柴宗训为郑王，尊符太后为周太后，让他们过养尊处优的生活。对于郭威和柴荣的其他亲属，也分别封官晋爵。对后周的文武百官，照旧录用，而且多予赏赐。这样，后周的旧臣感到政治地位有保障，对新王朝由观望、怀疑转为真心拥护了。

赵匡胤用“倍道兼行，掩其不备”，各个击破，速战速决的作战方针平息了两路叛乱势力。

在京城局势稳定下来后，赵匡胤又将反对他的李筠和李重进的“二李叛乱”镇压下去。

李筠是昭义节度使，当年四月，他联结北汉，起兵潞州（今山西长治），进占泽州（今山西晋城），声言讨伐赵匡胤篡逆之罪。赵匡胤立即派石守信等先行抢占太行要隘，防止李军南进。五月间，赵匡胤率主力西进，与前军会合后，“倍道兼行，掩其不备”，于二十九日大破李军于泽州之南，歼敌三万，李筠败退泽州城内。赵匡胤组织强攻，激战十多天后，打破城门，李筠自焚。第一次平叛之战胜利结束。

当李筠在潞、泽起兵时，淮南节度使李重进遣其心腹翟守珣暗中与李筠联络，企图联合反宋。但翟守珣将李重进的谋划秘密报告给赵匡胤。

赵匡胤为避免两线作战，重赏翟守珣，并使他仍回李重进处，以“养威持重，未可轻发”为理由，劝其暂缓起事。

消灭李筠后，赵匡胤回过手来处理李重进的问题。他调李重进为平卢节度使，命其移镇青州（今山东益都）。李重进遂抗命起兵，于九月间据扬州反宋。

赵匡胤仍采取速战速决的方针，以石守信等为前军，立即进击，自率主力跟进。李重进曾向南汉求援，但遭到拒绝。

在“外绝救援，内乏资粮”的困境下，扬州很快于十一月间被攻破，李重进兵败自焚。

至此，两支主要反对势力全被歼灭，其他一些意存观望的后周故将，皆不敢动。赵匡胤的统治基本上得到了稳定。在宋朝江山基本安定后，宋太祖赵匡胤就开始考虑采取什么办法防止兵变的再次出现。

赵匡胤统领禁军时，与重要的将领石守信、王审琦等人结成义社十兄弟，他们在拥立赵匡胤和四出征战过程中，立下汗马功劳，是宋朝的开国功臣，如何对待这些出生入死的兄弟使他们不再“黄袍加身”呢？赵匡胤请他的首席谋士赵普商量解决这个问题。

赵匡胤问道：“天下自唐以来，数十年间，帝王换了八姓，战火不断，生灵涂炭，是什么原因？我想要熄灭天下战火，为国家求长久平安，有什么办法呢？”

赵普深深理解了皇帝的意思，便正面回答说：“这不是别的原因，完全是由于节度使的权力过大，君主弱而臣子强，干弱枝强便会造成尾大不掉、无法驾驭的局面。现在的解决办法是夺其兵权，控制钱谷，这样天下就没人敢闹事了，国家也太平了。”

赵匡胤听了，犹如拨开云雾见青天，顿时恍然大悟，茅塞顿开，决定采取赵普的建议。

于是，在称帝后的第二年（961 年）七月的一个晚上，花好月圆，凉风习习，宋太祖设宴款待石守信、王审琦等将领。在宫女的轻歌曼舞中，不觉酒过三巡，君臣其乐融融，甚感惬意。

见时机已到，宋太祖令左右侍卫退下，很动感情地说：“我们本是兄弟，没有诸位的拥戴，我不会有今天。因此从内心感激诸位。然而身为天子也是一件非常辛苦的事，我没有一个晚上能安枕而卧，远不如当节度使快活。”

石守信等人蓦地一惊，忙问为什么。

宋太祖装作有些醉意说：“其实也没有什么，只不过这皇帝宝座有许多人想坐罢了。”

石守信等脸色大变，叩头道：“今天命已定，谁还敢生异心，陛下何必多虑？”

太祖道：“诸位是我兄弟，自然不会变心，但谁能担保你们的部下没有贪图富贵的人，一旦他们把黄袍加在你们身上，那时即使你们不愿意，恐怕也推脱不了。”

石守信等人顿时汗流浃背，拜谢道：“臣等太愚昧了，没想到这些，请陛下哀怜，指点一条生路吧。”

太祖见时机成熟，便缓缓说道：“人生就像白驹过隙，转眼即逝。一个人之所以追求富贵，无非是为了尽情享受，吃喝玩乐并荫及子孙而已。诸位何不解甲归田，多积金钱，广置良田美宅，为子孙立业；再多买些歌儿舞女，饮酒作乐，安度天年。这样君臣之间彼此安好，互无猜忌，不是很好吗？”

石守信等俯伏于地，谢宋太祖指点迷津。

第二天，石守信、王审琦等将帅纷纷称“病”，请求解除兵权。

宋太祖当然很高兴，对于他们的请求一一批复同意，封给他们徒有虚名的官爵，赏赐他们大量的田地、钱财、美女、服饰，让他们回家赋闲，安养余年。

这就是历史上有名的“杯酒释兵权”。

为了加强皇帝的权力，宋太祖在解除各禁军将领的军职时，又撤销了殿前都点检、副都点检和马步军都指挥使的职位，把禁军中的殿前司和侍卫马步军司分为“三衙”：殿前司、侍卫马军司、侍卫步军司，形成三足鼎立之势，直属皇帝掌握。“三衙”的将领选用资历浅、容易驾驭的将领担任，并且经常调动，而且又规定“三衙”只有带兵权，没有调兵权，调兵权掌握在皇帝之手。在禁军的驻防上，宋太祖采取“强干弱枝”的策略，调强兵驻扎在京师附近，使地方军队无法与中央禁军抗衡。在禁军驻地，又实行“更戍法”，每隔几年换防一次，将领不随军调动，造成“兵无常帅，帅无常师”的局面，使“兵不知将，将不知兵”，以防止武人发动政变。

宋太祖又将军队改革的成功经验用之于政治经济制度。在中央政府限制相权，增设副宰相，宰相必须站着向皇帝奏事，并将政务、财务、军务分立，直属皇帝一人。

宋太祖为防止政变所采取的办法和措施，显示了他高度的政治艺术天才，只花了一席酒宴便铲除了五代以来不断兵变的祸根。加上采取了限制相权、帅权的措施，使北宋时期既没有权臣，也未出现跋扈将军，政权是稳定和巩固的。

横征天下　威震欧亚

远交近攻作为一种具有战略眼光的政治谋略和军事手段在成吉思汗征服欧亚诸霸历程中曾产生了巨大作用，但最先把它作为一个应变谋略正式提出的是战国时的谋士范睢。

范睢是魏国的一个低级官员，一场冤案，几乎把他折磨致死，逼得他不得不潜逃到秦国。

他到秦国后，听说秦军要东去攻打齐国，觉得不妥，决定要替秦昭襄王出谋划策。于是写了一封信给秦王，说有十万火急的事求见。秦昭襄王见信写得很恳切，就传令召见范睢。范睢向秦王献策道：

“秦国如此强盛，按说早该号令诸侯，统一天下了。可是这几十年来进展不大，这是因为秦国一会跟这个国家结盟，一会又跟那个国家厮杀，没有一个长期的规划目标。听说最近大王又听了丞相的话，要发兵去攻打齐国，这显然是下策。齐秦远隔千里，中间有韩魏两国。如果派出的兵马少了，就打不过齐国；可要是全军都出去了呢，国内恐怕又要出乱子，邻国也会乘虚进攻。就算幸运地击败了齐国，大王也不能把齐国的土地搬到秦国来，最后还不是韩、魏坐享成功？所以我想，最好是一面跟齐、楚、燕这些远方国家交好，一面攻打邻近的赵、魏、韩。远国跟我们交好，自然不愿多管闲事，这样我们就能毫无顾忌地攻打近国，打下一寸是一寸，打下一尺是一尺。赵、魏、韩三国一亡，另外三国就不在话下了。这种像蚕吃桑叶似的由近及远的策略，叫‘远交近攻’。大王要兼并天下，就非用此策不可。”

昭襄王听了这一席话，觉得茅塞顿开，当即拜范雎为客卿，取消了攻齐的计划。后来又拜范雎为丞相，依照他的策略，对齐、楚、燕三国加以笼络安抚，而对赵、魏、韩三国则寻找各种借口诉诸武力，逐步蚕食，各个击破，为秦统一天下奠定了基础。

“远交近攻”这一谋略在沉寂了近一千五百年后到成吉思汗及其子孙手中终于大放异彩。

铁木真不仅性格坚强，不畏艰险，而且头脑机敏，善于利用矛盾，消灭强大的敌对势力。

十二世纪的蒙古高原，部族林立，互相攻掠，混战不已。铁木真（即后来的成吉思汗），就诞生于其父也速该率蒙古乞颜部落与塔塔儿部激战时。也速该一生兼并了邻近不少部落，但在一次宴会中被人毒杀。也速该死后，他统一的几个部落，也就再度分裂了。铁木真一家由贵族沦为平民。

九岁丧父的铁木真在母亲的教育下逐渐成长起来。他的母亲诃额伦是一位贤明的女性，她严格地训练自己的孩子，使他能够在艰苦的游牧生活中屹然独立。诃额伦还时常向铁木真述及祖先为草原贵族的光荣过去，用以激励年幼的铁木真，使他从小确立大展雄图的宏愿。此外，诃额伦又培养铁木真精骑善射的本领。

长期的困苦生活及风险，锻炼了铁木真不畏艰险和顽强机敏的品格。他逐渐意识到收罗人才、争取人心的重要，注意在四邻中扩大自己的影响。同时，为获得外力的支持，他暂时依附于父亲的朋友、力量雄厚的克烈部落首领王罕。

在王罕帮助下，铁木真开始收集旧部，积聚力量。正当此时，篾儿乞人发动突然袭击，将他的妻子家人全部掳走。铁木真求援于王罕和结义兄弟札木合，联合出兵，以迂回战法实施突袭，一举击败篾儿乞部，不仅妻子回到了自己的怀抱，而且虏获许多。

这次战斗后，铁木真的实力和威望逐渐提高。大批蒙古部队投向他，一些乞颜氏族的贵族，也向他靠拢。公元 1189 年，二十八岁的铁木真被推举为汗。于是他建立起一整套巩固自己地位的制度，并组建了一支以他的亲军（那可儿）为核心的精悍部队，开始为未来的统一战争作准备。

但铁木真原来的好友札木合不能容忍这个新出现的强大势力，伺机铲除铁木真。札木合联合泰赤乌部，出兵三万进攻铁木真。铁木真也将自己的部众和拥护自己的贵族们的部众组成十三翼（即十三营），迎战于答兰版朱思（意为七十沼泽，在克鲁伦河上游臣赫尔河附近）。这就是著名的十三翼之战，它是铁木真统一漠北群雄过程中最为激烈的战争。经过反复争夺，铁木真打退了札木合的进攻。

铁木真头脑机敏，很会利用矛盾，消灭强大的敌对势力。十三翼战役后不久，即公元 1196 年，金章宗完颜璟因塔塔儿部叛金发兵讨伐，并命蒙古各部出兵助战。铁木真得悉后，立即出兵帮助金朝攻打塔塔儿部。结果塔塔儿部大败，从此一蹶不振。铁木真不仅获取了大量的物资，赢得了好名声，更重要的是同金朝又结成了联盟，并接受金章宗授予的诸部统领的官职。金朝的封赏大大提高了铁木真的政治权力，从此，他就利用朝廷命官的身份，开始号令蒙古部落和统辖其他贵族了。

铁木真征服了西起阿尔泰山，东至黑龙江上游的各部，统一了漠北蒙古，成为第一个统一全蒙古的最高统治者。

铁木真的崛起，使他的敌人感到有必要进一步联合行动。公元 1201 年，塔塔儿、泰赤乌、合营斤等十一个部落联合起来，共推札木合为王，立誓消灭铁木真。铁木真与王罕再度联手，共同迎敌，彻底打败了札木合，随之又横扫了塔塔儿部落，占据了水草丰美的呼伦贝尔草原。从此，铁木真的部落同蒙古草原中部的克烈部、西部的乃蛮部，成为鼎足而立的三股力量。

公元 1203 年，克烈部首领王罕又企图吞掉铁木真的势力。双方在合兰真沙陀（今内蒙古锡林郭勒盟乌珠穆沁旗北）进行了一场血战。这一仗是铁木真一生中最为艰苦的战斗。铁木真寡不敌众，被打败了，只剩下十多名将士。不久，他收拢残部，假意向王罕求和，突然发动袭击，经三天三夜激战，终于击败了强盛的克烈部。王罕逃入乃蛮部时被杀。

克烈部覆灭后，铁木真成为中央蒙古及东部蒙古最强大的统治者。这时能与铁木真抗衡的，只有蒙古西部的乃蛮部。双方都有消灭对方的企图。宋嘉泰四年（公元 1204 年），双方激战于斡耳寒河（今鄂尔浑河）以东的纳忽昆山。乃蛮部大败，该部首领太阳罕被俘。这样，蒙古高原最后一个独立的部落也被铁木真征服。至此，铁木真征服了西起阿尔泰山、东至黑龙江上游的各部，统一了漠北蒙古，成为第一个统一全蒙古的最高统治者。公元 1206 年，四十四岁的铁木真在斡难河源头的贵族大会上被拥戴为全蒙古大汗，上尊号为成吉思汗（意为海洋）。

成吉思汗完成了蒙古诸部的统一，并奠定了自己对蒙古高原的统治后，便积极准备力量，向外扩张。

当时，蒙古圜东和东南相邻的是金，西南相邻的是夏。对蒙古构成最大威胁的是金。成吉思汗当然想先消灭金国这个劲敌（同时也是他原来的宗主国），但考虑到西夏是金的属国，如果先攻金国，西夏在金的指使下，将从西侧攻击蒙古军，对成吉思汗构成掎角之势的威胁。而且，蒙古铁骑擅长于在开阔的原野山地乘马鏖战，如果先攻金朝，蒙军进入人口稠密的农耕定居地区，攻击设防坚固的城堡壁垒，取胜的把握不大。因此，成吉思汗考虑再三，不顾大臣李藻、田广明等人力劝攻金的战略，决定还是先易后难，首征西夏，以免除南下的后顾之忧，并可获得人力物力的补充。

公元 1207 年（即成吉思汗称大汗的第二年）秋，成吉思汗借口西夏不愿称臣纳贡，率兵直取西夏。两年后，又开始大规模的征伐，占领兀剌海城后，长驱直入河西地区，直捣夏都中兴府。当西夏皇帝李安全派使臣向金国求援时，金帝竟昏庸地说："蒙、夏相攻，正是吾国之福。"迫使西夏陷入孤军奋战。一时难以吞并西夏的成吉思汗趁机对西夏发起政治诱降，孤立无援的西夏国被迫答应蒙古提出的条件，将公主嫁给成吉思汗，并向蒙古纳贡称臣。成吉思汗这才带兵返回蒙古草原。

这次战争虽然没有攻取西夏，但大大削弱了西夏的力量，特别是加深了西夏与金朝之间的矛盾，分裂金、夏联盟，使成吉思汗可以放手进攻金朝。

为了最大限度地孤立金国，成吉思汗还派人到南宋表示友好，愿意与南宋联合攻金。南宋虽然迫于金的直接压力没有加入联盟，但对蒙古国攻金，采取了中立的态度。

金国曾经灭辽、北宋，是蒙古部落的宗主国，称雄一时。但到成吉思汗称霸时，金朝已度过了自己的鼎盛时期，国势日渐衰落，朝政昏乱，君臣之间互相猜忌，朝臣钩心斗角，军队长期不耕不战，士气低落，国内各种矛盾十分尖锐。

成吉思汗六年（公元 1211 年）春天，成吉思汗以为祖宗报仇作旗号，率领蒙古铁骑向金国杀来。七月，他们以迅雷不及掩耳之势发起闪电攻击，突破金朝用来防御草原游牧民进攻的边墙，在野狐岭（今河北张家口）大败金兵，金朝的精锐部队，有约一半丧生在这次战斗中。

两年后，成吉思汗再次统军攻金，由野狐岭入边，先击溃三十万金军于浍河堡（今河北万金南）。七月，大军直指居庸关。金朝在居庸关外布铁蒺藜百余里，冶铁固关门，派重兵守御。

为避实击虚，成吉思汗留部将与金兵对峙，自己亲率精锐，兼程从小道奔袭紫荆关。金军猝不及防，紫荆关失守，金朝的都城中都（今北京）便暴露在蒙古铁骑之前。

这年秋天，成吉思汗兵分三路，攻取山西、河北、山东和东北许多地方。随后，三路人马在中都附近会师。迫使金帝完颜殉献公主、金帛请和，不久又迁都南京（今河南开封）以避其锋。成吉思汗十年（公元1215年），成吉思汗终于攻下了中都，此战最大的收获不是占领了金国首都，而是俘获了赫赫有名、后来为元朝建立了巨大功劳的耶律楚材。

蒙古军攻占华北地区后，成吉思汗便把注意力转向蒙古高原西北地区。他封木华黎为太师国王，专事经略华北，自己则专意于准备西征。

征服欧亚强国的成吉思汗临死还不忘交代灭金战略。以后实践证明其战略十分正确。

此时，成吉思汗在西部碰到的强劲对手是花剌子模。花剌子模的疆域包括今哈萨克斯坦、吉尔吉斯、塔吉克、乌兹别克、土库曼斯坦、阿富汗和伊朗的部分地区。公元1219年秋，成吉思汗借口一支商队被花剌子模杀害，率领二十万大军西征。

在蒙古铁骑的冲击下，花剌子模四十万军队迅速土崩瓦解。成吉思汗的蒙古骑兵一直踏到申河（今印度河）。其中一支蒙古军在大将哲别和速不台率领下，奉命追赶花剌子模国王，越过太和岭（今高加索山脉），进入钦察草原（今波罗夫赤草原），长驱直入斡罗思（今译俄罗斯）境内。

成吉思汗二十年（公元1225年），成吉思汗由中亚返回蒙古。他本想先取金，恰好得知西夏献宗企图与金联合抗蒙。遂先发制人，以拒绝派军随从西征及不送质子为借口，于次年（公元1226年）分两路大举攻西夏。一路从西域经畏兀儿（今新疆哈密市）东进，攻取沙州（今甘肃敦煌）、肃州（今甘肃酒泉）、甘州（今甘肃张掖）；成吉思汗自率十万大军由漠北南下，越过黑水、贺兰山，直攻西凉府（今甘肃武威），与西路军会合，再围攻灵州（今宁夏灵武南），歼灭西夏军主力，尔后包围了夏都兴庆府（今宁夏银川）。公元

1227年七月，在强大的蒙古铁骑攻击下，西夏政权灭亡。

正当西夏即将灭亡之时，成吉思汗在军营病重去世。临终之前，他仍然念念不忘灭金，指定第三子窝阔台为继承人，并总结过去攻金作战的经验，为窝阔台等提出他的灭金战略。

他说："金精兵在潼关，而潼关南据连山，北限大河，一时难以攻破。如果向宋借路，宋与金是世仇，必然同意。我军则南下唐、邓，直捣金首都汴京，金急，必征潼关兵，以潼关数万之众，千里赴援，人马疲惫，虽能到不能战，我军必定破之！"

成吉思汗死后，窝阔台继位，遵照父亲的遗嘱，他派使者到宋朝，约定共同伐金。窝阔台允许灭金成功后，以河南地归宋，宋则供应蒙古军粮秣。

公元1229年，窝阔台命三路大军攻金。次年，三路军会师汴京。当时潼关守军奉令急行军赴援汴京，被埋伏的蒙古军截击，金军覆灭，正如成吉思汗所预料的一样。金哀宗被迫弃城逃走，汴京落入蒙古人手中。

金哀宗率二千骑逃到归德，因为缺粮，又投奔蔡州（今河南汝南）。宋、蒙按照签订的盟约，各派军队围攻蔡州。蒙古将塔齐尔约兵临城下。宋大将孟祺率兵两万人，并带送给蒙古兵的粮秣三十万石，与蒙军会师，实践攻蔡州之约。在宋、蒙夹击下，蔡州城破，金哀宗自缢身亡，在战火中继位的末帝完颜承麟被杀，金国灭亡

根据宋与蒙古夹击金人的盟约，灭金后，河南地均应归宋。因此，在金亡后，宋朝决定收复三京，即东京开封，西京洛阳，南京应天。于是，派兵三路出击，占据三京。

但蒙古军背盟，开始实施其假道灭虢的计划。他们发动反攻，使三京再度沦陷，守军将士损失十余万人。

蒙哥被蒙古贵族拥立为大汗后，于宋宝祐六年（公元1258年）决定分兵三路伐宋。蒙哥亲自领兵入蜀，使其弟忽必烈攻鄂州（今武汉），大将兀良合

台攻潭州（今长沙）。不久由于蒙哥死去，忽必烈因回去争帝位而中途停止了进攻。

至元十一年（公元 1274 年），元世祖忽必烈命丞相伯颜统兵伐宋。元大军由襄阳出动，沿汉水入长江，顺流东下。南宋守将毫无斗志，纷纷不战而降。公元 1276 年春，元军攻入临安，南宋恭帝及谢太后等上表投降，不久，被俘到上都（今内蒙古多伦西北）。南宋终于灭亡了。

蒙古人之所以能建立一个空前绝后的大帝国（三千万平方公里），就在于成吉思汗战略策略的英明。成吉思汗作为蒙古族的军事统帅，他战略上重视远交近攻，力避树敌过多。在用兵上，注意详探敌情，分割包围，远程奇袭，佯退诱敌，运动中歼灭敌人等战术。以至于到今天人们还为其伟大的战略和巨大的成功而叹为观止。英国军事理论家利德尔·哈特在其所著《战略论》中说:“在中世纪里，战略的最好例证并不出在西方，而是来自东方。……蒙古人给欧洲的骑兵们充当了教师，使他们在战略方面得到了有益的教训。”

先除权臣　再行削藩

欲擒故纵就是为了制服对手，先故意放纵对手，使其解除思想戒备的一种策略。凡想控制别人的，在形势未许可时，必先满足其欲望，以骄其志气，培养其矛盾，然后制服它。所以古人总结说："欲抑之，必先张之；欲擒之，必先纵之。"

凡是采用欲擒故纵之计的，他一定得有远大的眼光，过人的耐性，那些斤斤计较、患得患失的人是绝对做不到的。

中国古代用欲擒故纵之计剪除异己最成功的应算是少年皇帝康熙，他的"游戏除鳌拜"可以说完美无缺。

康熙，名玄烨，是顺治第三子，按封建宗法制度，当立嫡长子，所以他并不是太子的首要人选，但因太后认为拟定人选福全未出过天花，而玄烨已出过了，不会再受到这种可怕的病症的伤害，便决定立玄烨。

顺治十八年（公元 1661 年），顺治帝病死，玄烨继位，年号康熙，这时他才八岁，遵照太后意见，顺治遗诏命索尼、苏克萨哈、遏必隆和鳌拜四人辅政。

鳌拜出身戎伍，野心勃勃，他欺康熙皇帝年纪幼小，广植党羽，排斥异己，寻找机会夺取索尼、苏克萨哈、遏必隆的辅政权力，将朝政揽于一人之手，完全忘记了自己曾在顺治灵前的誓言："协忠诚，共生死，辅佐政务。"

鳌拜居功自傲，专横跋扈，贪污受贿，结党营私。在经济上，他徇私舞弊，巧取豪夺，肆无忌惮地贪污受贿；政治上，他以维护旧制为借口，把顺治时的一些改革作法全部推翻。

鳌拜还把朝廷当作自己的家天下，每天与其弟穆里玛、侄塞本特及其他党羽商议，经常借故不上朝，一切政事先于私家议定，然后实施。事无大小，必先向他报告，不准自行上奏康熙。

随着年龄的增长，康熙对鳌拜很不满，但他知道自己的力量还不够，所以不露声色，待机而动。

康熙六年（1667 年），玄烨 14 岁，按照规定，他可以亲政了。但鳌拜不但没有丝毫收敛，反而变本加厉。他经常在康熙面前呵斥大臣甚至吼叫着与幼帝争论不休，以至撸胳膊挽袖子摆出打架的架势，直到逼皇帝让步为止。

鳌拜的行为，引起朝野上下的不满，但大部分人慑于鳌拜的淫威，不敢吱声。鳌拜的存在，已成为皇帝权威的严重威胁，但鳌拜羽翼已成，大权在手，宫廷内外都有他的耳目，处置不当，就可能激成巨变，造成难以收拾的局面。

少年皇帝康熙在与祖母博尔济吉特氏密商后，发挥自己的聪明才智，不露声色地为铲除鳌拜集团进行准备工作。

首先，康熙对鳌拜进行麻痹。为稳住鳌拜，康熙特下旨加鳌拜为一等公，后又加太师；并加其子纳穆福袭二等公，后又加太子少师，使他们位极人臣，志得意满。康熙七年（1668 年）九月，一位大臣上疏称"朝廷积习未除，国计隐忧可虑"，并引用宋儒程颐"天下治乱系宰相"一语，指出关键在于鳌拜其人。玄烨看出这是满汉大臣的共同心声，但因此时时机尚不成熟不宜有所动作，便假意斥以"妄行冒奏，以沽虚名"，声言要给以处分。

康熙还对鳌拜的不轨举动予以容忍，使鳌拜认为康熙幼稚，软弱可欺，从而丧失警惕。一次，鳌拜声称有病在家，玄烨前去探视。御前侍卫和托发现鳌拜神色反常，便迅速上前，揭开鳌拜座席，发现一把匕首。鳌拜惊慌失措，以为阴谋败露，但康熙毫不在意地说："刀不离身是满人的故俗，辅政大臣时时不忘祖训，实在可嘉可奖！"从而稳住了鳌拜。

另一方面，康熙假借做游戏，招收一批强壮灵活、忠实可靠的少年，以练"布库戏"（满语即摔跤）为名进入宫内。平时大家积极练习，摸爬滚打，而当鳌拜入宫奏事时便改成玩一些游戏。鳌拜每每见此，以为皇帝年轻贪玩，更是不把他放在心上。就在鳌拜不经意之中，康熙组织了一支训练有素的少年卫队：善扑营。

不动声色的康熙见时机已经成熟，便决定除掉鳌拜，时间定在康熙八年（公元 1669 年）五月十六日。

这天，鳌拜仍像往日一样挺着大肚子入宫奏事，在目中无人的他看来，这奏事不过是走走形式，让康熙签签字而已。但他的得意在这天已到了尽头。

大殿上，康熙还在与少年摔跤手戏耍，当鳌拜正有些不以为然时，只听康熙一声令下，众少年一拥而上，将鳌拜放倒，捆了个严严实实。康熙即宣布鳌拜图谋不轨，即予革职拘禁。当天，康熙下诏布告朝廷内外，列举了鳌拜结党专权，不尊皇上、营私纳贿等三十一条罪状，将其处死。

除掉权臣鳌拜后，康熙才大权在握，正如他自己所说的那样："今天下大小事务，皆朕一人亲理。"

康熙亲政后的第六年（公元 1673 年），清朝面临创业以来最大的危机，即"三藩之乱"的发生。但是康熙帝发挥了他的智勇和决断，坚决予以平定，确立了自己的威信。

清朝能以异族入主中原，除了自己的力量之外，不能忽视那些因为不满腐败至极的明朝而投靠清朝的汉人将军的协助。所谓"三藩"就是指因带领清兵入关，镇压农民起义起家，投靠清政府的三个汉族军阀，他们因功被封为王，一个是镇守云南的平西王吴三桂，一个是镇守福建的靖南王耿精忠，还有镇守广东的平南王尚可喜。

“三藩”之中，吴三桂的势力最大，也最为跋扈。他在云贵经营十多年，手中军事力量雄厚，兵员达十余万之多。云贵地区成了他控制的独立王国。当时清廷给云、贵两省督抚的敕书，都要写入“听王节制”四个字，吴三桂可以随意替补官吏，号称“西选”。凡朝廷所选的文武官员到云南，都被其收买帐下，为己所用。在经济上，他垄断了地方财政，财政收支中央户部不得过问。同时，他还大肆兼并土地，不仅将云南明代黔国公沐氏的田庄全部据为己有，还将已归农民耕种的明代卫所军田占为己有。

盘踞在广东、福建的尚可喜、耿精忠，也都是各据一方，大搞独立王国，根本不听朝廷的调遣。

“三藩”的存在严重威胁着清朝政权的统一，同时，清廷每年还要供给他们二千余万两白银的兵饷，所谓“天下财富耗于三藩”，在经济上也给清廷带来了沉重的负担。

因此朝廷最大的问题在“三藩”，尤其是吴三桂。如果继续纵容，朝廷的威信就无法建立，终将引起天下大乱，甚或招致灭亡。亲政后的康熙不得不考虑如何撤藩。

撤藩的机会终于来了。康熙十二年（公元 1673 年）二月，平南王尚可喜因年老请归辽东老家养老，并让他的儿子尚之信继承王爵，留守广东。年轻的康熙皇帝抓住这一时机，只同意尚可喜回辽东养老，不同意尚之信留守广东，并决定撤藩。

这一消息很快传到了云南和福建。吴三桂和耿精忠见朝廷态度强硬，十分恐慌，于是联合起来假意呈请退还藩领，以探测朝廷的意向。

康熙皇帝接到他们的上书后，召群臣商议。不少大臣慑于吴三桂的军威，怕引起大乱，都主张不可撤藩。但康熙帝力排众议，断然下令撤藩。他说："三桂等蓄谋久，不早除之，将养痈成患。今日撤亦反，不撤亦反，不若先发。"

果然，撤藩令下达之后，吴三桂在当年十一月率先举行叛乱。他杀了云南巡抚朱国治，自称"天下都招讨兵马大元帅"，蓄发，易衣冠，发布檄文，倡言"兴明讨虏"，呼清廷为满酋。吴三桂想以恢复明朝为幌子，来收买人心。但因他背叛明朝的行为早已昭昭在人耳目，因此，响应的人很少。当时的大儒王夫之在衡山隐居，吴三桂想拉拢他，但遭到拒绝，因为王夫之认为吴三桂这样的卑鄙小人成不了大事。

当然还是有一些小丑跳了出来，因为他们反对撤藩。次年（公 1674 年）三月，耿精忠响应吴三桂，在福州举行叛乱。后来，尚之信也在广东开始叛乱。再加上其他与吴三桂有联系的汉族将领也纷纷开始叛乱，一时之间，叛乱之火几乎燃遍了大半个中国。

叛乱的消息传到北京，清廷举朝震动。一些大臣竟然请求诛杀主张撤藩的诸臣，以讨好吴三桂。康熙帝熟读史书，深知这是腐儒之见。汉景帝时虽然杀了主张削藩的晁错，"七国之乱"仍然不止，现在岂能再蹈历史覆辙？他说："撤藩出自朕意，他人何罪？"

康熙立即部署兵力开始武装平叛。他先是捕杀了吴三桂留在北京的长子和孙子，以表平叛的决心；接着下令停撤平南、靖南二藩，以孤立吴三桂；三是调八旗精兵驻守湖北荆州，阻止叛军渡江；四是派兵进入江西，切断吴三桂与耿精忠的联系；五是稳住西北局势，先以精兵击败陕西提督王辅臣，然后又恢复他的官爵。这样，吴三桂完全陷入了军事上的孤立。

没有多长时间，吴三桂已感到不可取胜，便授意达赖喇嘛向康熙上奏，如果吴三桂战败，希望康熙帝免其一死。如果清军战败，建议裂土罢兵。康熙闻此大怒，拍案驳斥："朕为天下人民之王，岂容裂土罢兵！"他"夜以继日在召开会议"，"以令人难以置信的勤奋处理政务，发布了一系列卓越的诏令”。

五年后（公元 1678 年）吴三桂因病去世，其孙吴世瑶虽盘踞云南，继续抵抗，三年之后终于被清军剿灭。

清朝之所以能够转败为胜，平定叛乱，一方面是康熙皇帝不屈不挠的决心和卓越的作战指挥艺术，更重要的是他临事不苟的精神。

作战计划亦极为缜密。康熙了解“八旗”因承平日久，萎靡不振，不堪使用，于是将汉军“绿营”放在第一线，以信赏必罚的原则亲自督战，这是所谓“以汉制汉”的策略运用。再就是当一支部队开拔挺进时，必以另一雄厚的部队补充原驻屯地，使敌人无可乘之机。

康熙始终坐镇北京，制定战略方针，在中国全境布置了通信网，掌握情报。运用这个通信网，甘肃只需九天，浙江只需四天，命令便可传达，而且各地呈上的战况报告，一天数百份，康熙均一一亲自过目，下达明确的指示。结果，部署于全国各地的清军全部纳入康熙的统一指挥之下，采取整体的作战行动。

以全中国的舞台，持续八年的战争，所需军费是非常庞大的。为了筹措军费，通常的做法是向人民苛征聚敛，但是康熙帝不采取增税措施，相反，对于受灾地区仍然照常减税，以收揽民心。康熙帝能够采取这样慎重而周全的政策来处理国家危机，不是其他平庸的皇帝所能做到的。

天下平定之后，康熙皇帝个人的威信确立了，清朝的基业也稳固了。

赵武灵王胡服骑射

赵武灵王（约前340－前295），名雍，战国时期赵国国君，历史上杰出的政治家、军事家、军事改革家。赵武灵王所推行的胡服骑射政策，对于当时赵国乃至以后中国社会的发展都产生了积极的影响。

赵武灵王是个有胆有识、目光长远之人。当时七国鼎立，趁着秦国正与楚国为敌的时候，赵武灵王开始在赵国内实施改革，并立志要作出一番成绩来。

赵武灵王实施改革的第一项，就是服装改革。当时，东有齐国、楚国、中山；北有燕国、东胡；西有秦国、韩国、楼烦。多国鼎立，形势紧张，如果不勤加练兵、实施改革，随时会被别的国家吞灭。而当时赵国人所穿着的长袍大褂，做事、打仗都十分碍事，不如胡人（北方的少数民族）短衣窄袖来得方便、灵活。

于是，他找来老臣楼缓，将他想要按照胡人风俗，对服装作一番改革的事说了一遍，希望争取楼缓地支持。

楼缓听后十分赞成，并说："如果我们改穿胡人的服饰，那不是也能学习他们骑马射箭的本领了？"

改革的风声不胫而走，很多守旧的大臣立即出来反驳，他们认为穿着胡人的服饰，那是对赵国的一种羞辱，太丢人了。反对的声音很高，无奈之下，赵武灵王又找来另一大臣肥义商议，肥义道："成大事者不拘小节，既然您认为是对的，且对赵国有利，就放手去做，别怕别人的讥笑和反对。"

得到肥义的肯定，赵武灵王十分高兴地说："我看啊，那些反对我的人都是笨蛋！"

第二天，赵武灵王穿着胡人的服饰上朝。大臣们一看大王穿了短衣窄袖的胡服，都大吃一惊。他在朝廷上极力解说短衣窄袖的好处，大臣们均不为所动，甚至感觉这样不伦不类很丢人。赵武灵王发现，他的叔叔公子成（朝中很有威望的老臣）不在其中。这才知道，原来公子成听说他要改革服饰，干脆装病不上朝。

为了顺利地实施服装改革，赵武灵王决定先从叔叔公子成着手。公子成年事已高，思想顽固守旧，可不是个轻易能改变的主。于是，赵武灵王带着胡服，借口探病，亲自登门看望叔叔，反复对公子成讲述穿戴胡服、骑马射箭的好处。公子成最终被他说服，赵武灵王当即将带来的胡服赏赐给公子成。

第三天公子成则穿着胡服上朝。众大臣见德高望重的公子成都穿着胡服了，自然也就不再反对。见时机成熟，赵武灵王立即颁布诏令：即日起，赵国人不分贫富、不分地位均穿着胡服。很多人刚开始觉得不习惯，但时间一长，就发现胡服的好处了。

服饰改革成功，赵武灵王立即着手练兵。一年内，就训练出了一支善于骑射的骑兵队伍。公元前 305 年，赵武灵王率兵破了中山，将东胡和邻近的几个部落全部收入赵国的囊中。到了改革的第七年，赵国已收复了中山、林胡、楼烦等多座城池，土地得到扩充，势力亦日渐庞大。

在改革初期，赵武灵王的提议之所以遭到很多大臣的反对，是因为当时中原诸国文明程度较高，自视为礼仪之邦，对异邦风俗存有一种蔑视心理。赵武灵王能够打破成规，成功地开展胡服骑射的改革，关键在于作为领导者的赵武灵王具有坚定不移的改革决心，同时，能够针对当时的实际情况“对症下药”，结果自然是“药到病除”。在现代社会，对于领导者来说，如果想要顺利开展一项改革，首先领导们自身要有胆识、有谋略；其次还应该摸清下属的心理，针对其心理制定改革措施，这样定能取得非凡的改革效果。

⑳ 北魏孝文帝的融合与改革

北魏自从太武帝死去后，政治腐败，老百姓受到鲜卑贵族和大商人的压迫，并不断反抗。北魏延兴元年(471)，魏孝文帝即位后，决心实施改革。

为了使朝廷的收入增加，百姓的生活能提升稳定，孝文帝大力实施改革。首先，规定了官员的俸禄，对贪官污吏严厉查办；其次，他鼓励开垦荒地，实行“均田制”并将土地分给百姓。男性每人分得 40 亩，女性每人分得 20 亩，让他们种植水稻、小麦等。凡获得土地的百姓必须向朝廷缴纳税收，并按朝廷要求服役。百姓死后，分得的田地均属朝廷所有，但另外分配的桑田除外。

孝文帝并不满足这样局部的改革，他想，要将改革深入，就必须要从土地、文化、政治等方面全面入手。于是，他决定从平城（今山西大同）迁都洛阳。

但明说恐怕会遭到大臣们的反对，孝文帝决定巧施计策。在一次早朝上，他提出要大肆进攻南齐。群臣激昂，一致反对，其中以任城王拓跋澄反对的声音最响。

孝文帝在朝廷上厉声质问道：“普天之下莫非王土，率土之滨莫非王臣，难道你要阻止我用自己的兵吗？”

拓跋澄并无退缩之意，进言道：“天下皆是皇上的，皇上就应该爱惜才是，我明知开战会给百姓带来灾难，焉有不说之理？”

孝文帝佯装沉思。他们哪知道，这只是孝文帝的迂回之术而已。下朝后，孝文帝单独召见拓跋澄，对他说：“刚才在朝廷上，我故意责骂你，那只是做给大家看的。我认为平城乃武地，实在不适宜改革。故而我假意出兵伐齐，实则是想借机迁都洛阳而已，你看此事如何？”

拓跋澄恍然大悟，连连表示赞同。

得到拓跋澄的支持后，493年，孝文帝举兵30万，南下洛阳伐齐。此时正值秋季，秋雨绵绵，行军受阻。而孝文帝固执己见，披甲戴盔命令出城。

即将行至洛阳时，本就不赞成攻打南齐的大臣们再次出来阻拦，以秋雨不便打仗为由，阻碍孝文帝。军令如山，孝文帝举旗厉声道：“我30万大军行至此处，若无功而返，岂不是遭人笑话。”转而又道：“若大家依旧不赞成攻打南齐，那就只有将国都迁至洛阳，这样才不至于落人话柄！”

事发突然，大臣们面面相觑，还来不及细想，孝文帝便命令道：“时间紧迫，赶紧表态，赞成攻打南齐的站左边，赞成迁都洛阳的站右边。”

一个鲜卑贵族立即站出来说：“只要不攻打南齐，我愿意迁都洛阳！”众大臣略为权衡之后，全都赞成迁都洛阳。

迁都洛阳即可免去战乱之苦，两相比较，对厌倦了战事的大臣们来说，迁都是唯一避免战乱的选择。

安排好洛阳的事后，孝文帝即派拓跋澄回到平城，向停留在那里的官员讲述迁都的好处；不几日，他又亲自回到平城，召集留守的官员，共同商议迁都一事。

说是商议，实则是巧施命令。贵族官员中，还有一些不想迁都的，罗列了种种迁都的坏处，都被孝文帝一一推翻。见大势已去，其中一些不想迁都的官员还存有一丝侥幸，提议要占一卦。

孝文帝立即反驳道："占卦是对未知的、无法作决定的事才管用，如今迁都已成定局，占卦又有何用？治理天下，当四海为家，才能体恤民间疾苦，哪有守着一个地方不走的道理？何况，迁都一事历代都有，我迁都也不应遭到质疑才对。"

孝文帝一番话说得那些官员哑口无言，也只好顺应变化。

迁至洛阳后，孝文帝便要大力改革。土地改革已初见成效，接下来就是文化、民俗改革了。

在朝堂上，孝文帝问大臣们："你们说，是移风易俗好，还是因循守旧好？"

拥戴孝文帝的拓跋澄立即站出来说："当然是移风易俗好！"孝文帝理所当然地道："那我说改革，你们可再不能反对了。"

接着，孝文帝便宣布了几条新法令：

改说汉语。30岁以上的人接受能力较差，改说汉话比较困难，可以暂缓，但30岁以下的、在朝廷为官的官员必须立即改口，违者轻则降职，重则撤职。

改穿汉人的服装。

改汉姓。北魏皇室本姓拓跋，此时改为"元"姓，孝文帝带头改名为"元宏"，并鼓励鲜卑族人与汉族人通婚。

孝文帝有胆有识的一系列改革，为民族统一作出了较大的贡献。

北魏孝文帝大刀阔斧地改革，使北魏政治、经济有了较大的发展，促进了鲜卑族和汉族的融合。孝文帝之所以能够改革成功，关键就在于他有胆有识、坚持己见，并能排除万难，最终实现改革。在现实生活中，命运往往垂青于那些勇敢的人。很多时候，成功者与平庸者的区别，不在于才能的高下，而在于是否有胆识。有胆识的人可以过关斩将，勇往直前，平庸者则只能畏首畏尾，知难而退。

崇祯帝主动出击铲除阉党

明朝天启年间，魏忠贤网罗了一大批宦官阉党，形成了一股强大的政治势力。为了把持朝政，他极力排除异己。顺他者昌，逆他者亡。大肆残杀朝中贤臣。这时候，明王朝的江山已经岌岌可危了。

这一年，年仅17岁的朱由检登上帝位，他就是崇祯皇帝。崇祯皇帝看到阉党作乱，国家一片混乱，眼看着江山就要落到阉党之手。

这时，很多大臣上书弹劾魏忠贤，这更增强了崇祯皇帝彻底铲除魏氏的信心。他下决心打击宦官朋党，但是坐以待毙还是主动攻击呢？这直接关系到能否重振明朝河山。在崇祯皇帝继位之初，朝政都是由魏忠贤等人把持，面对阉党的强大势力，新皇帝地位还不稳固，无力铲除魏忠贤等祸国殃民的奸贼。聪明的崇祯皇帝看到蛮干是不行的，于是，在经过一番深思熟虑后，他决定采用逐渐削弱对手的办法来铲除阉党。

为了不打草惊蛇，崇祯皇帝对魏忠贤“信任有加”。

魏忠贤为了讨新上任的皇帝的欢心，就送一些美女给崇祯皇帝。殊不知，在明朝皇帝中，崇祯皇帝是最不好色的一个。但崇祯皇帝怕引起魏忠贤的担心，将魏忠贤送来的绝色女子全部留了下来。为了表彰魏忠贤的“忠心”，崇祯皇帝还嘉奖了他。

崇祯皇帝一方面安抚魏忠贤，另一方面则不露声色地打击魏忠贤的党羽，铲除了魏氏的爪牙，以此削弱魏忠贤的势力。不久，魏忠贤的爪牙就被崇祯皇帝清除得差不多了。这时，海盐县贡生钱嘉征上疏揭露魏忠贤十大罪状。可以说，每一条罪状都可以把魏忠贤打入大牢。

于是，崇祯皇帝召魏忠贤进宫，向魏忠贤宣读了钱嘉征的奏疏。魏忠贤听了之后吓坏了，只好贿赂当时受宠的太监徐应元，用辞去东厂的官职为筹码，换回身家性命。

接着，崇祯皇帝大规模地清除魏忠贤党羽，贬谪魏忠贤到安徽凤阳祖陵守灵，还没收了魏氏家产。魏忠贤在去凤阳的路途中，觉得败局无法挽回，就上吊自尽了。横行一时的阉党霎时就灰飞烟灭，明朝历史上黑暗的宦官专权的时代就此结束。

崇祯皇帝朱由检懂得主动行事，处处主动出击，因此变被动为主动，在魏忠贤独揽大权之前扫除了魏氏及其党羽，保住了朱氏的江山。